道路工程检测与质量评定研究

张 强 廖秀平 李 聪 著

北京工业大学出版社

图书在版编目（CIP）数据

道路工程检测与质量评定研究 ／ 张强，廖秀平，李

聪著． — 北京 ： 北京工业大学出版社，2021.2（2022.10 重印）

ISBN 978-7-5639-7868-7

Ⅰ．①道… Ⅱ．①张… ②廖… ③李… Ⅲ．①道路工

程－检测②道路工程－工程质量－评定 Ⅳ．①U41

中国版本图书馆 CIP 数据核字（2021）第 034132 号

道路工程检测与质量评定研究

DAOLU GONGCHENG JIANCE YU ZHILIANG PINGDING YANJIU

著　　者：张　强　廖秀平　李　聪

责任编辑：刘　蕊

封面设计：知更壹点

出版发行：北京工业大学出版社

　　　　　　（北京市朝阳区平乐园 100 号　邮编：100124）

　　　　　　010-67391722（传真）　bgdcbs@sina.com

经销单位：全国各地新华书店

承印单位：三河市元兴印务有限公司

开　　本：710 毫米 ×1000 毫米　1/16

印　　张：10.25

字　　数：205 千字

版　　次：2021 年 2 月第 1 版

印　　次：2022 年 10 月第 2 次印刷

标准书号：ISBN 978-7-5639-7868-7

定　　价：75.00 元

作者简介

张强，男，广东河源龙川人，毕业于长沙理工大学，路桥工程师，现任职于广州诚安路桥检测有限公司。主要从事道路工程检测与质量评定工作，发表《浅谈高速公路沥青混凝土路面检测技术》《浅谈沥青混凝土配合比调试》等多篇技术论文。

廖秀平，女，广东兴宁人，毕业于长安大学，路桥工程师，现任职于广州诚安路桥检测有限公司。参与过广东省多条高速公路的路面检测和验收，以及国、省道的路基、路面检测项目，曾发表过关于路基路面检测的技术论文，并参与了路面损坏检测数据可靠性保障技术研究的研究工作。

李聪，女，河南南阳人，毕业于长沙理工大学，路桥工程师，现任职于广州诚安路桥检测有限公司。参与过广东省多条高速公路的沥青路面检测和验收以及国、省道的路基、混凝土路面、沥青路面等检测，曾发表过关于道路和桥梁的检测技术论文。

前　言

在我国国民经济快速发展的推动下，城市化进程逐渐加快，其中道路工程建设具有重要的地位，要求不断提升建筑工程的质量。然而在进行道路工程修建时，容易受到外部因素的制约，地理位置、地质情况以及人的因素导致道路在建设过程中对其质量产生一定的影响，所以在道路工程进行施工时，对其检测要点的问题需要第一时间进行解决。

全书共七章。第一章为绪论，主要阐述了道路工程检测的目的和意义、道路工程检测的规程和细则、道路工程检测技术现状与发展趋势等内容；第二章为道路工程检测技术，主要阐述了激光检测技术、雷达检测技术、超声波检测技术、其他检测技术等内容；第三章为路基路面工程检测，主要阐述了压实度检测、平整度检测、抗滑性能检测、回弹弯沉检测、渗水性能检测、结构层厚度检测等内容；第四章为道路工程路基土检测，主要阐述了路用土石材料、土的物理性质检测、土的力学性质检测、土的化学性质检测等内容；第五章为水泥混凝土路面检测，主要阐述了水泥的基本性质与技术要求、水泥混凝土配合比设计、水泥混凝土的性能检测等内容；第六章为沥青和沥青混合料检测，主要阐述了沥青的分类和技术性能、沥青混合料的技术性质、沥青材料及检测方法、沥青混合料及检测方法等内容；第七章为道路工程质量检验评定，主要阐述了公路工程质量检验评定方法、路基工程质量检验评定方法、路面工程质量检验评定方法、水泥混凝土面层质量评定、沥青混凝土面层质量评定等内容。

为了确保研究内容的丰富性和多样性，在写作过程中参考了大量理论与研究文献，在此向涉及的专家学者们表示衷心的感谢。

由于作者水平有限，加之时间仓促，本书难免存在一些疏漏，恳请同行专家和读者朋友批评指正！

目　录

道路工程检测与质量评定研究

第一章 绪论

随着道路工程的发展，道路建设的质量越来越受到关注，但影响其质量的因素众多，国家政策、技术规范、材料选择、施工工艺、管理水平、工作质量及设计、施工、监理、业主、监督各单位的建设行为等因素都与工程质量息息相关。本章主要包含道路工程检测的目的和意义、道路工程检测的规程和细则、道路工程检测技术现状与发展趋势三部分。

第一节 道路工程检测的目的和意义

一、道路工程检测的目的

在我国的交通体系当中，道路工程是其中的重要基础，对于我国的经济发展有着关键性的作用。同时，道路工程也与人们的日常生活和工作息息相关。随着城市建设的发展，道路工程的规模和数量不断增加。道路工程的质量影响人们的出行安全，所以对于道路工程进行检测是非常必要的。

（一）保证材料质量

在道路工程中所使用的工程材料需要严格检测，包括对不同生产环节的控制。对原材料或者半成品进行检测，通过技术分析，来测试它们是否符合工程要求的质量标准。根据工程质量标准对每种材料进行检测，对其性能进行评估，如果发现材料不能达到工程使用标准，需要及时更换，以免影响道路工程质量。

（二）降低工程造价

道路工程成本控制非常重要，必要的检测能够减少成本，降低工程造价。例如，对原材料的检测，通过对其检测和检查，控制原材料的购买成本，既保证了原料能够符合工程要求，又能够节约成本。必要时，在附近找到相对便宜的材料，可以节省运输成本，并使建筑材料的采购更加方便，且避免缺少建筑材料而影响施工进度。

（三）把控工程质量

在对道路工程进行检测之后，可以对施工质量进行更科学、更合理和更客观的评估。例如，可以在施工阶段对项目质量进行控制，竣工后检查等，以确保道路工程的质量。对企业而言，道路工程检测能够保证施工质量满足合同的要求，树立良好的企业信誉。

（四）确保道路工程安全

道路工程建设的过程中，企业应重视各种材料的质量检测和验收，在保障工艺合格、施工规范等基础上，使用高质量材料可促进道路工程质量目标的实现。道路工程中的材料质量检测不仅可提高道路工程施工的安全性，还能在后续投入使用后为人们提供相对安全的通行条件。作为道路工程中的关键要素，通过材料的质量检测，可使企业严格按照材料使用标准来进行材料的采购和使用，以提高道路的承载力和结构安全性。

（五）优化材料配合比

道路工程中材料使用量较大，如果使用不合格材料，将会有浪费材料的可能性，造成不必要的材料成本支出。而材料质量检测可以避免劣质材料的使用，使现场施工人员能根据材料使用标准来规范使用材料，以保证现场的施工材料质量、用量达到标准，节约材料。企业在安排专人进行材料质量检测的过程中，也可充分掌握材料的各方面性能，由此可在道路工程质量和安全的基础上进行材料的配合比设计，避免配合比设计不当而引起材料浪费，促进各种材料的优化配置。

二、道路工程检测的重要意义

（一）保证工程顺利进行

道路工程施工任务量大，施工技术复杂，而且施工周期长。一般来说，道路工程施工短则几周，长则几个月。工程建设过程中，有可能因为各种各样的原因导致工程进度管理效果不理想，造成工期延误。这其中，施工材料的问题就是道路工程占比较大的一项。道路工程通常都是随着施工的进行逐渐将材料运送到施工现场的，在施工现场经过简单的处理之后立刻投入施工，这样一是为了降低施工现场材料管理的压力，二是符合道路工程施工的特点。它不像建筑工程长时间停留在原地施工，道路工程会随着工程的进行而产生位移，如果大量材料存放在现场，随着施工地点的转移，材料的使用效率会大大降低。但是"随到随用"这种模式也存在一定的问题，那就是运送到施工现场的材料一旦质量不合格，投入施工之后会产生无法估量的后果。所以，对材料进行检测是必需的，它能保证投入施工的材料质量达到标准，避免工程发生质量问题影响后续工程的进行。

（二）提高道路工程质量

道路工程大都是由政府出资，属于便民性质的公益工程。它关系着城市居民的生活，而且对城市交通会产生一定的影响。如果道路的质量不好，很有可能在经过一段时间的使用之后路面开裂，影响交通安全。所以，道路工程的材料检测工作能最大限度地避免材料不合格给道路工程带来的质量问题，能够在一定程度上延长工程的使用寿命，确保道路能够在长时间的使用过程中不会对交通安全产生消极影响。

（三）树立企业良好形象

工程建设水平的高低直接影响企业在市场中的形象。工程材料检测能够在一定程度上避免材料引发的质量问题，通过对检测工作的严格管理，企业工程建设管理体系还会得到适当的完善，这些都有助于在市场中树立企业的良好形象，让企业以更有实力的姿态来迎接挑战和竞争，获得更多的机会。

第二节　道路工程检测的规程和细则

一、道路工程质量检测的主要流程

道路工程质量的好坏，很大程度上是由道路施工阶段的施工质量决定的，这个阶段既是形成工程实体的过程又是形成最终质量的过程，这个过程中需要我们进行动态的监督和控制。控制内容可分为三个部分，即工程事前检测、工程事中检测、工程事后检测。

（一）道路工程事前检测

（1）审查施工单位、监理单位、供货单位是否具有相应的承包资质，主要审查内容包括招标文件上规定的承包单位的各种资质证书以及单位人员的资质，考察该承包单位的技术和管理能力，来判断是否能保证工程按要求开展建设工作。

（2）建立监理质量控制系统。监理单位协助施工单位编制现场质量管理制度、质量统计报表制度、质量问题处理制度等；监督施工单位在施工过程中的质量活动，保证工程质量。

（3）对工程所需的成品、半成品、原材料等进行质量检查。在材料进场时严格按照要求检查所需的产品合格证和质量检验报告，并进行抽检，凡有不符合标准的一律不得入场使用。

（4）对施工组织设计进行审查，保证提交的施工组织设计能按时、按质、按量地完成，对于施工中重难点问题要重点审查。

（5）对于道路工程来说，检查测量数据是必要的。在工程开始施工前，要检查高程水准点和坐标位置。

（6）组织参建有关单位进行施工组织设计技术交底。

（7）对于施工中有重大影响的施工机械或者经常使用的机械进行规格参数的审查，检查合格后才允许机械入场；对于材料检验的仪器设备和人员配备也要进行检查，确保工作环境和工作条件满足要求，以保证工程质量。

（二）道路工程事中检测

（1）加强过程的工序质量控制，充分考虑影响因素，对各个影响因素实行监控，对质量监控资料进行仔细审查。

（2）严格执行交接检查制度，重点工序需要监理人员的签字同意才可以进行下一道工序。例如在进行管道填方中，填方土体未进行压实度检查，或者监理人员未签字同意，则不能进行下一层填筑，要严格地把控工序操作过程。

（3）对于重点分部工程，监理工程师可组织施工单位人员进行抽样检测，并及时整理检测资料，记录保存，对于不合格的工程要给出改进意见并再次检查，合格签字后方可继续施工。

（4）监理工程师按照合同要求执行监理职责，行使监控权、工程数量认可权、计量支付权等，充分发挥监理单位的监督作用。

（5）监理工程师可按照要求定期在施工现场或者项目部组织进行质量会议，指出工程中可能存在的问题或隐患，要求施工单位及时整改。

（6）从根本上来说，各个外力监督手段都是二次保证质量的措施，而质量保证的第一道防线应该是施工人员。我们要从施工阶段的质量开始控制，采取必要的激励或惩罚措施，提高一线员工的质量意识，从根本上进行质量控制。

（三）道路工程事后检测

（1）在单位工程或单项工程完成后，组织相关人员按照合同规定的要求对已完工程进行检查验收，并将检查结果记录在案。

（2）审核施工单位提交的质量文件及检查评定报告，审查施工单位提交的竣工图及有关文件。

（3）资料审查后组织专门人员对资料进行分类整理，整理过程中进行最后筛查。

二、道路工程检测的细则

（一）质量检测原则

道路施工过程就是满足人们对道路使用需求的过程，所以在施工阶段进行质量检测是应遵循以下几点。

1. 质量第一

对于所有施工或建筑企业，"质量第一"永远是最重要的理念，也应该是一切工作的中心思想。而道路工程作为极其重要的基础设施工程，其质量的好坏直接关系国民经济和人民的人身财产安全。因此"质量第一"原则是最核心的原则。

2. 用户至上

一个秉承用户至上服务理念的企业具有强大的竞争力和市场优势，而道路工程的用户就是广大人民群众，因此时刻站在人民的角度，以人民为基点出发是企业质量管理成功的一个重要因素。

3. 预防为主

达标的工程质量不应是一次次的检查返修得来的，而应是通过施工的质量控制，由基本的施工工序组成整个质量合格的单位工程、单项工程。所以质量控制应该贯穿全过程，考虑各项影响因素，采取措施和检查手段，对质量波动采取预防措施。

4. 全面质量管理

全面质量管理也是一个比较成熟的思想，"全"字说明实行质量管理是对全过程、全企业和全员的管理。应把质量管理工作渗透进企业质量活动的每一个细节，做到处处控制质量，人人关心质量，由此提高整个工程的质量。

5. 注重数据

现代质量管理当中越来越注重数据的可靠性，数据量化的质量标准能更清晰地反映工程中质量管理的水平，减少传统质量管理中由于主观判断失误导致的质量问题。

6. 尊重事实

一个工程中存在质量问题是很难避免的，但我们不能因为某些原因忽略或者隐瞒质量问题，我们在进行管理活动中应本着"科学、客观、公正"的原则进行管理，做到实事求是，严格管理。

（二）管理人员的职责

1. 项目经理

项目经理是一个项目的负责人，主要职责是管理施工，还要对质量、安全、进度、资金等工作进行统筹协调。他是项目策划和执行的总负责人，需要完成合同所规定的各项要求，包括施工前的准备工作、检查材料设备情况、监督检查各部门的工作完成情况、合理地进行组织内部利益分配、组织解决工程关键问题。

2. 项目总工

项目总工的主要职责是解决施工中遇到的难题，对重难点施工部位和关键工序进行预案和交底，从技术上保证工程质量。在工程施工前要进行详细的技术交底，在关键工序和重难点工序上也要进行书面技术交底保障施工质量。

3. 质检工程师

质检工程师是按照工程质量要求，专门进行质量检验、评定、监督的专业人员。质检工程师需要向项目班子所有人员介绍本工程的质量标准和检验制度，负责主持整个质量检验评定工作。对于重要的质量指标要进行全面检查或者重点抽查，合格后方可签字验收。

4. 各部门成员

各部门主要负责的质量管理工作内容不同，在进行质量控制管理的时候可能需要配合工作。

（1）材料部门主要是确保工程材料、设备质量符合要求。对所购进的材料和设备进行检查，比如检查出厂合格证、质量检验书等；材料部门要保管材料，负责对进出场材料的数量、型号、质量进行核对。

（2）技术部门主要是指导和处理有关施工的质量问题，在技术措施和工艺流程上保证质量。例如施工前组织班组长进行施工技术交底、参加图纸会审、掌握施工的重难点部分、详细准备施工方案，负责工程技术、安全、测量工作，协助质检部门进行质量检验等。

（3）实验室部门主要是针对工程中所用到的原材料、成品、半成品进行质量检验，收集整理质量检验数据为后续工作做准备。

（4）质检部门的职责主要是负责对已完工程进行施工质量检查验收，着重对质量控制点进行查验。制订、组织并实施质量检查方案；组织对原材料、成品部位、完工工序的质量评定，并对结果进行记录整理；督促班组做好质量自检，交接检查工作。

三、道路工程质量

（一）质量的定义

在工程中，质量指的是产品的固有特征或者是服务的固有特性，在此基础之上建立起能够满足明确需要或者隐含需要的能力。质量除了可以表现为某个产品的质量外，还能够通过某项活动、某项工程的工作量来表示，甚至还可以是质量体系中运行的质量。工程中质量主要体现在以下几个方面。

（1）一般情况下，质量是指施工过程的成果的质量，其也可以是指质量控制体系中的运行质量。质量是由能满足群众和政府要求的特性组成的，其特性是固有的。

（2）质量的特征是可以被赋予的也可以是永久的或固有的，可以是定量的或定性的。例如：物质特征、外表特征、功能特征等。质量的特性是质量在形成过程中其自身形成的属性，是固有的特征。

（3）满足的要求包括明确要求和隐含要求。满足国家规范、技术、合同、设计图纸、国家标准、工期等的要求称为明确要求，满足法律、法规、行业规则等所期望的要求称为隐含要求。满足要求的程度体现了质量的好坏。

（二）道路工程的质量要求

道路工程与其他工程项目的质量要求具有相似性，如质量问题、使用年限、美观性、安全性、经济性，这些要求如下。

（1）质量问题主要指道路在各种环境中能够保持质量稳定，性能不会随环境变化而变化，使得各种功能在各种环境下都能使用，例如，道路在任何情况下都必须没有行车异响等。

（2）使用年限主要是指道路工程在正常使用周期内不出现问题，或者保持稳定的性能，在周期内保持稳定状态。

（3）对于道路而言，对于美观性的要求非常高，这也是质量要求重要的一部分，外观舒适度与道路景观完美组合。

（4）同安全问题也是质量管理的关键问题，如果工程出现问题，可能会对驾驶员的生命造成巨大威胁，所以道路的安全性是首要的。在保证安全的同时还应该环保，避免对周围的环境造成不可逆转的污染。

（5）道路工程在施工过程中，经济性也是需要考虑的问题，需要充分考虑工程的开发成本、售后成本、管理成本以及建设周期内成本等问题。另外，道路工程还要考虑其维护性。

第三节　道路工程检测技术现状与发展趋势

一、道路工程检测技术现状

（一）材料检测技术

道路工程路基面材料检测涉及以下几种。

1. 地基土

对道路地基土进行检测时，主要针对颗粒级配、含水率、液塑限及塑性指数、最大干密度、最佳含水率等指标进行试验，根据测试结果确定是否可在该地基上直接建设路基。若土质状况不良或土中某种物质含量较高，一般需对天然地基土进行物理化学改良，然后对改良后的地基土取样检测，合格后方可进行路基建设。

2. 水泥

水泥材料的检测不仅要考虑水泥品种及强度等级，还要综合考虑水泥细度、比表面积和凝结时间（初凝、终凝）。水泥检测方法涉及物理和化学方法两种，国内工程大多采用国产水泥，当使用进口水泥时，需对水泥胶砂耐磨程度及水泥质量等级进行测试，以判断水泥质量是否符合工程建设要求。

在道路工程中的水泥用量较多，是材料质量检测的重点内容，而且市场上的水泥型号较多，不同的道路工程中，所选用的水泥型号也存在一定的区别。在水泥的检测中，需注意以下几点。

（1）对入场的全部水泥均开展严格的质量检测，保证水泥的各方面性能都能符合道路工程中的材料使用标准，在复检的过程中开展全面的质量检测。如果在检测过程中发现这些水泥到达施工现场后的时间已经超过了90d，可能存在水泥性能的变化，这种情况下，需对水泥的质量进行二次检测。一般条件下，每次入场的水泥数量都应该在200t以下，针对不同型号的水泥，要分开检测。

（2）水泥取样的过程中，一般要选用连续检测，如果是同种规格型号的水泥，需做好抽样检查。

（3）水泥混合料的搅拌和混合都应该充分和均匀，均匀性和充分性达到相应标准，方可进入质量检测环节。

3. 沥青

沥青性能检测指标包括软化点、针入度、延度、溶解率、密度、老化前后质量变化、残留针入度比、残留延度比等，应根据我国各地区的气候特点选择合适的沥青材料进行道路建设。对于改性沥青，应了解其储存稳定性，确定储存时间，对储存时间较短的改性沥青可采取现场制备的方法，以免由于时间过长导致改性沥青出现离析，进而降低其性能。

4. 集料

工程用集料的检测指标主要包含岩石类型、粒径、强度、耐磨耗等，道路中一般要求粗集料具有较高的抗压强度值和抗磨耗能力，细集料应对其密度、含泥量、坚固性、砂当量等指标进行试验。同时，还应确保粗细集料表面洁净、未风化，如此方可用于道路工程施工中。

5. 钢筋检测

钢筋同样是道路工程中必不可少的材料，在实际施工过程中，通过钢筋材料的有效应用，可最大限度地提高道路工程的结构稳定性与安全性。正是因为钢筋材料对道路工程结构的重要性，所以材料质量检测过程中更要做好钢筋检测工作。

对于道路工程现场的进场钢筋，均应开展系统性的质量检测，以确保钢筋的力学性能是合格的。在钢筋取样的过程中，对于指标规格一致的钢筋，要开展对比性检测，以通过这种检测来进行质量对比，但在检测时应该从同一批次的钢筋中选取两根或者两根以上的钢筋样品，所选择的钢筋样品拉伸长度和弯曲长度应分别保持在 35～40cm、40～50cm。

6. 骨料检测

骨料同样是道路工程中的关键材料，在骨料的质量检测过程中，专业的材料质检人员要严格遵守国家和行业的检测标准。对碱骨料的检测上，潜在活性检测非常重要，使得活性骨料在使用的过程中不会出现碱和骨料碱的化学反应。道路工程施工时所使用的粗骨料，其含泥量和泥块含量分别要控制在 0.7% 和 0.25% 以下，而如果是细骨料，其含泥量和泥块含量应在 1.0% 和 0.5% 以内。

7. 土工合成材料

土工合成材料的基本物理性能指标包括单位面积质量、厚度、渗透能力等，对其性能影响程度最大的是单位面积质量和厚度指标。因此，在工程实践中应用较为广泛。不同类型的土工合成材料差别较大，试验人员需根据工程实际选择合适的土工合成材料，此外，不同的检测技术及测试方法也会造成结果误差较大。因此，需采取科学合理的标准对土工合成材料性能进行检测，确保后期工程不会出现质量问题。

8. 混凝土检测

道路工程项多为混凝土结构，混凝土用量较多，混凝土的质量对于道路的结构性能影响较大。混凝土质量检测的过程中，尤其要保证取样的规范化，提高检测流程的科学性，因为混凝土中包含了多种材料，是多种材料的混合物，在实际施工过程中，需进行混凝土配合比的有效设计，且在质量检测的过程中，不仅需对其中的不同原材料开展单独性的质量检测，更要对混凝土混合物开展质量检测，使得混凝土的各种性能指标都能达到材料的使用要求。

拌合物的质量检测同样是非常重要的，在实际检测过程中，重点要对混凝土拌合物中的氯离子数量和碱含量加以检测，通过检测将指标控制在合理范围内。一般情况下，在道路工程项目中，正常的质量目标范围内，混凝土拌合物的总碱含量最好能保持在 $3.0kg/m^3$ 以内，而水溶氯离子含量，如果处于半潮湿或者潮湿的条件下，最好能将氯离子含量控制在混凝土胶凝材料总质量的 0.2% 以内；如果处于干燥环境下，氯离子含量最好控制在胶凝材料总质量的 0.3% 以内；在除冰盐、海水等氯盐环境下，这一指标控制在 0.1% 范围内最佳。道路工程中还涉及预应力混凝土施工。对预应力混凝土质量检测的要求则高于普通的混凝土质量检测。针对预应力混凝土的质量检测，氯离子含量最好控制在胶凝材料总质量的 0.06% 以下。混凝土强度检测过程中，应进行分批检测，如果是同批次的混凝土，在检测过程中，应科学设计配合比。现浇混凝土结构构件检测的过程中，尤其要结合相应的标准来开展有针对性的检测，由专业的检测机构来完成相应的检测。

在对粗骨料和细骨料进行坚固性试验的过程中，要注意其质量损失分别应在 10% 和 5% 以内。在实际施工建设过程中，细骨料一般要选用优质河砂，云母检测含量最好控制在 2% 以内。对于道路工程中所使用的粗砂、细砂和中砂，其各项指标均应达到相应的标准；在混凝土的配合比设计过程中，要重点考虑细度模数、级配情况等。

粗骨料的质量检测，重点是要开展压碎性检测、有害物质检测、堆积密度检测、粒径检测，通过多方面的指标检测，验证骨料是否达到相应的标准。在实际检测过程中，专业的材料检测人员应严格遵守规范化的检测要求，提高质量检测的标准化程度。

9. 外加剂检测

为实现混凝土性能的提升和优化，在道路的混凝土材料中，往往会添加一定的外加剂，这些外加剂的使用可优化混凝土性能。在材料质量检测过程中，同样需要做好外加剂的质量检测。在外加剂的质量检测过程中，相关检测人员需根据正常标准严格进行，专业人员应检查外加剂的相关生产资质是否合格。在外加剂正式使用前，检测人员要对外加剂进行二次检测，以通过严格的质量检测来保障外加剂的使用符合相应标准。在外加剂的选择过程中，要充分考虑材料的化学性能、工程技术和经济成本等综合性因素。

（二）路基检测技术

路基是一条道路的载体，它的施工质量直接影响到工程整体的质量。在施工过程中我们要采取措施保证施工质量，满足设计要求。很多时候路基的压实度、弯沉值、平整度、中线偏移、纵断高程这几个项目的质量能暴露施工中的一些施工不到位以及检测不标准的问题。

1. 压实度

压实度是路基和路面的一个重要指标，它表示路基经过碾压之后的密度情况，密度越大，路基的整体性越好。路基的压实度是否合格也决定着道路后期的沉降是否均匀，直接影响到路面是否出现纵向裂缝；压实度可以使材料的强度和性能充分发挥出来，增加路基土体的稳定性，减少结构性破坏、坍塌、凹陷等问题。

2. 弯沉值

弯沉值是指路基在经过荷载作用后，变形量的加权平均值，是路基质量检验中的重要指标。它表示路基的整体强度，弯沉值越大，则说明路基的变形量越大，也就反映出路基的强度越低，整体性越差。如果路基弯沉值过大，不能满足设计要求，那么路面就容易变形下沉，路面就容易开裂。

3. 纵断高程

断高程指的是垂直于道路中线的纵断面的高程，对于纵断高程来说，偏差不大的情况下，对于路面质量影响不大，主要影响道路美观以及在行车时的舒适性，但是如果偏差过大，也可能影响道路排水。

4. 平整度

路基的平整度也是路基质量的一项重要内容，平整度不够可以反映出路基碾压压实不到位。造成平整度不够的原因一方面可能是在挖填方交接处处理不当造成的，另一方面也可能是路基填料不同导致沉降不均匀造成的。

5. 路基中线

路基中线直接影响道路中线是否准确，如果路基中线偏位较大，会造成路面两边宽度不一致。即使有偏差，也应该控制在 ±1cm 以内。在施工过程中中线偏位需要测量人员反复核对。

路基是道路质量控制的基础，路基的质量直接决定了道路工程的使用寿命。所谓的路基检测主要检测的是路基的压实度，保证路基可以承受路面的压力，不会变形，从而影响道路质量。路基检测在具体的技术上有灌砂法、环刀法、核子密度仪法、快速测定法。

（1）灌砂法主要检测路面的密度，在应用中带有一定的局限性，为了保证检测结构的准确，需要针对每一个检测都称量大量的砂，检测工作的效率不高。

（2）环刀法是利用环刀工具进行实际施工路基取样，然后进行重量测量，计算路基的密度。环刀法检测中要注意取样的随机性，并合理选择环刀规格，以便于计算。

（3）核子密度仪法是利用仪器进行路基压实度的测定，在测定中要注意沥青厚度不能大于仪器测定最大值，避免出现测定误差，还要遵守测定规范，工作人员远离仪器，保证测定时间。核子密度仪法的测定主要用于在路面铺设之后对路基的验收，确保道路的整体质量。

（4）快速测定法的检测原理是利用反作用力来测定路基的含水量，并以响应值计算路基的压实度。其中要采取锤的自由落体，保证检测的数据有对比性。为保证检测数据的准确性，在技术应用中需要现场取样，进行击实试验，精准地测量路基压实度，避免后期风干等天气情况对路基含水量的影响，形成检测误差。

在道路工程路基检测技术的应用中要注意含水率的测量，科学分析压实度的情况，对于含水量较高的情况应在路基施工中加入煤渣、石子等材料，确保路基压实度满足实际施工需要。注意检测的随机性，杜绝为了工作方便定点选择检测地点，保证检测结果可以直接反映整段道路的路基情况，实现质量控制。注意道路路基的复杂性，考虑地下线路和管道的影响。在路基压实过程中要注意管道竖井的技术处理，从而提升检测技术应用的测量质量。

此外，地质雷达在道路检测中被应用于对道路深部的路基进行病害的检测。由于路基处于深部，经过长期的车辆碾压、雨水侵蚀等，路基会出现局部不密实、裂隙，甚至局部脱空等隐患，最终导致路面坍塌，造成交通事故、人员伤亡财产损失等，这就需要定期进行路基检测，及时排除隐患。通常这些裂隙或者空洞中都会填充空气、水等介质，与周围的路基材料具有明显的电性差异，这就为地质雷达的应用提供了条件，同时地质雷达无损、快速的特点也使得它在道路检测路基病害方面的应用越来越广泛。

（三）无损检测技术

在道路工程建设中，检测的进行要提高效率，减少对城市交通的影响。其中无损检测技术得了重视和应用，是目前道路工程检测的主要技术。顾名思义，无损检测技术就是在不破坏道路的情况下对道路进行数据检测，随着技术的发展进步，现在的无损检测技术可以对道路的表面平整度、材料性质等做详细的检测分析，主要应用在道路完成验收的质量检测中。

1. 核子密度仪

核子密度仪主要是利用同位素放射原理实时检测材料的密度和湿度，主要用于沥青路面压实度的检测。传统的检测方法是钻芯法，它是最直观、最可靠的方法，但会对沥青路面产生一定的损伤，因此，核子密度仪是沥青路面压实度检测的一个方向。核子密度仪共包含两个子系统，分别是数据信息采集系统和数据信息处理系统，前者主要负责数字化信息（如材料密度、材料湿度等）的采集工作，而后者则用于信息的分析工作，从而得出可靠的数据分析结果。从实验室多次的标定和验证，发现核子密度仪检测出的沥青路面压实度与标准的钻芯法具有一定的相关性，可以很好地反映路面的质量。

针对可造孔的土类和未凝固的混凝土类，一般采用透射法。该方法首先要求在被检测材料中按规定钻一个垂直的检测孔，随后将仪器的探测杆顺着钻好的探测孔放入被检测材料中，进而探测出不同深度上的密度和湿度。针对不可造孔的石类、混凝土类等材料，一般采用反射法。该方法将仪器置于被测试材料的表面，按照被测试材料的厚度和种类的不同，调节仪器至合适的测试挡位，进而检测出材料的密度、压实度等指标。针对岩土、混凝土的密度（或孔隙率）和含水量，相对于传统的检测方法，核子密度仪有着明显的优势。

经专业机构培训（主要是对安全使用内容的培训）后操作人员对核子密度仪上手很快，针对土壤密度和含水量的检测，使用核子密度仪检测一处一般不会超过 2 分钟，大大缩短了检测时间，几乎可以在碾压完毕的同时检测完毕，有效保证了施工强度及工作断面的连续性。通过核子密度仪的使用，项目完美解决了传统检测方法耗费大量人工的问题，同时，在较少熟练检测工人的情况下，一般一名熟练工人配合两名杂工即可完成对相关土样的检验，为在有限工期内快速高效施工提供了有力的技术支持。

2. 瞬态瑞雷面波分析技术

除了上述无损检测技术外，瞬态瑞雷面波分析技术也是现阶段常用的检测技术，该技术在应用时的作用原理在于，借助仪器设备对待测道路工程表面施加垂直冲击力，其产生的瞬时冲击力会以振源为中心向外扩散，此时在待测区域不同位置进行传感器设备的安装，其主要的工作便是用来接收瞬态瑞雷面波，随后对于采集到的信息进行图谱处理，根据图谱分析结果来确定道路工程路面施工的合规性，对于缺陷位置进行及时修复，从而提高道路工程的施工质量。

3. 频谱检测

频谱检测是通过对各个介质当中表面波的传播频率进行分析，从而实行检测。在道路工程施工的过程中，通过对路面进行垂直向下的冲击，然后对振源及附近范围的频率进行分析，同时也包括向周围传播的波面，接着利用不同的力锤和锤头来获得不同频率的型号，通过频率频谱分析和对不同深度介质的力学参数进行检测。这种技术主要被应用于道路工程各层介质的均匀性及层间接触情况的检测。

4. 图像检测

图像检测技术主要分为红外成像和激光全息图像两种。其中红外成像主要是通过应用红外探测装置和光学成像装置及扫描装置来对目标的辐射能量情况进行检测，将这种能量分布反射到探测装置的光敏元当中，然后通过探测装置来将其转化为电信号，通过处理后再转换为视频信号，最终直接显示在监测装置中。

5. 外观检测技术

除了上述提到的无损检测技术外，在道路工程检测过程中，外观检测技术也属于常用的技术类型，同时该技术也属于使用年限较长的技术类型。在实际应用的过程中，主要借助目视检查的方法，对于路面基本情况进行了解。该方法的应用成本低、不需要建立实验室进行试验，具备较高的工作效率和灵活性。不过该方法主要针对一些直观可视性缺陷的检测，对于可视性较低、路面内部缺陷，在使用中很难直接发现问题。并且道路工程距离较长，长时间巡视也会导致人员眼睛出现疲劳，这样也会直接影响到后期的检查效率和检查结果准确性。因此在实际应用中，会将该方法搭配其他方法一起使用，从而提升检测结果的准确性和可靠性。

二、道路检测技术中存在的问题

（一）检测设备精度较低

道路工程中的材料种类多、数量大，不同材料的质量检测过程中所使用的检测设备和仪器也有所不同，而这些检测设备的性能和精度均会对检测质量产生直接的影响。通过先进检测设备的使用，可提高材料质量检测的精度。从当前的材料质量检测情况来看，个别检测设备的精度较低，在检测时难以发挥设备优势，常会由于设备精度不足导致检测结果误差。道路的材料质量检测任务繁重，整个材料质量检测的过程中，常需较大的人力、设备支持，市场上的很多检测机构能力有限，并不能随着行业发展来进行设备的更新，在部分材料质量检测时仍使用一些较落后的设备，影响了最终的检测结果。

（二）取样过程操作不规范

当前道路工程建设项目增多，为了保障交通的便捷性，在道路工程的建设施工过程中，需严格做好各种材料的质量检测工作，通过材料的质量检测来提升道路桥工程的整体施工水平。在实际的道路建设时，材料质量检测的内容多、流程复杂，也对材料质检人员提出了较高的要求。但在检测机构中，部分质检人员的素质较低，在材料质量检测的过程中，并不能严格遵守相应的检测规范，取样不规范，使所选取的样本不具有代表性，难以代表整个道路工程中的材料质量。

三、道路工程检测的发展趋势

（一）进行信息化建设

目前，我国的信息技术的发展非常迅速，并应用于多种行业。信息技术大大提升了相关行业的工作效率和产品质量。在道路工程检测方面，也需要更加先进的检测设备。利用先进的信息技术对设备进行改造，能够大大地提升检测水平。现如今，很多材料检测工作都可以借助先进的检测设备完成，和传统的人工检测相比，工作效率不仅得到了大幅提升，检测的精确性也大大提高，降低了人工检测产生误差的可能，尤其对于一些复杂的检测工作来说，信息技术的应用更是未来的发展趋势。

（二）落实监督工作

在任何一项工程建设中，监督的作用都是毋庸置疑的。由于工程材料是道路工程的基础，所以企业需要在检测工作进行的过程中施加严格的监督，确保检测工作按照规范的步骤进行，同时避免检测人员因为责任心不足、马虎大意等各种问题造成检测结果失准。具体来说，企业管理人员可以选择那些和检测团队关系不密切的、对检测工作有所了解同时又有足够责任心的人员担任监督工作，或者聘请第三方监督团队来对相关流程进行监督。在监督工作进行的过程中，相关人员需要对监督工作进行记录和备案，这样不仅能够督促人员充分发挥作用，而且还能在发生问题之后进行追责，杜绝类似问题再次发生。

（三）完善事前检测机制

随着道路工程的进行，各种材料会逐渐运输到施工现场。有些大批量、占地面积大的材料如果运输到现场再进行检测，往往效率低下，还有可能延误工程的进度。企业需要用科学的方法来完善事前检测机制，对于那些能够在进现场之前就完成检测的材料，要尽可能事先完成。

比如，有些材料在发起运输之前，是存放在指定地点的，有些是存放在仓库中，有些是存放在供应商的厂房中，企业可以通过和这些存放地点的负责企业的管理人员进行沟通对材料进行初步了解，在材料进入工地前进行事前检测，这对工程的检测工作有很大帮助。

第二章　道路工程检测技术

随着我国公路交通的蓬勃发展，道路安全问题一直都是行业研究的重点攻坚项目。道路工程试验检测工作是严把道路质量关的重要环节之一，成了目前最关键性的工作，并且检测评定结果会决定和在直观意义上宣判道路合格与否。本章分为激光检测技术、雷达检测技术、超声波检测技术、其他检测技术等四部分。

第一节　激光检测技术

一、激光检测技术概述

激光具有分辨率高、衍射性好、方向性及相干性好等特点，在道路养护中使用激光检测技术就是利用了激光的这些优势特性，实现对道路的检测。激光检测技术具有检测时间短、精度高、降低检测工作量、测量范围大等优势，且还能有效减少对高速行车的影响。

二、激光检测技术在道路养护中的应用

（一）在路面平整度检测中的应用

1. 车载式激光检测技术

路面检测技术的发展伴随着对路面养护需求的提升，从最开始的人工检测、接触式、破损性、静止低速的单一指标发展成为自动化提取、非接触式、无损、常速的综合评价体系，其中以三维检测技术最具代表性。1966 年，国际标准化组织（ISO）提出了路面三维检测的概念框架，但受限于当时传感器技术和计算机技术的限制，无法真正实现路表面信息的三维数据提取。三维激光检测技术依据其功能与载体的不同可被分为机载三维激光检测技术、车载三维激光检测技术以及地面三维激光扫描技术。因其载体不同，检测技术研究的侧重点有

着明显差异，而对于条状空间人工构造物路面表观形态的检测被归属于车载三维激光检测技术范畴。车载三维激光技术以其能够在高速行驶状态下获取被测物高精度、高密度的激光数据，正逐步应用于路面车辙、裂缝、坑槽等病害的检测以及水泥路面刻槽施工质量的评价中。

2. 应用车载式激光检测技术要注意的问题

在应用该检测技术来检测路面平整度时，需注意以下几个方面的问题：

第一，在对公路平整度进行检测的过程中，需保证车辆在测量前均匀行驶 5 ～ 10km 的距离，再结合测量仪器的相关技术规范及要求，提前预热系统。驾驶操作人员则要对车辆情况进行一定了解，保证在测试路段中测量工作的顺利完成，进而得出最佳车辆行驶速度。一般行驶速度 50 ～ 80km/h 为宜，并保证在测量过程中车辆不会出现过快减速或加速情况，也不能出现急转弯情况，尽可能保证测量路段中匀速行驶，以保证最终平整度测试数据的准确性，进而为后期公路修复提供准确的理论依据。第二，合理选择最佳测试地点。有关人员应结合具体检测要求，再根据公路实际情况来确定最佳测试地点。若对具体测量位置没有要求，一般在道路一侧车轮痕迹条带位置上进行连续测量，保证测量数据的准确性，也能有效保证测量数据能基本反映整个高速公路平整度情况。第三，保证路面整洁度，如果被测试路段有树叶等杂物，车辆在行驶过程中所得出的结果可能是反映树叶表面的平整度，而不是路面的平整度。第四，在检测长坡路段时，检测人员应保证上下坡数据的稳定性。第五，在路面潮湿或者下雨天时，不能进行检测。

（二）在路面车辙检测中的应用

车辙也是路面比较常见的一种病害，会对行车安全、舒适度造成一定影响，严重时还会引发交通事故。通过激光检测技术，能快速、准确地为车辙处理提供可靠依据，提升公路养护的针对性。比如线激光检测技术在车辙检测中的应用，通过车辙信息采集模块中两个线激光器，发射线激光，激光经透镜到路面上，就会将路面凹凸不平的情况以相对应的条纹图像形式显示出来，再经过计算机、光电编码器等获取被测试路段的路面车辙信息。然后利用车辙图像处理模块处理采集到的相关信息，计算出车辙深度值。再将处理完后的相关数据从文件中读取出来，并填写相应的里程、桩号等信息，且这些信息可根据实际检测需求进行相应修改。最后，利用车辙系统分析软件得到每段里程的车辙深度的检测结果等。应用线激光检测技术能较好解决公路路面车辙的实时、准确、高速、高效检测，从而获得路面车辙情况。

（三）在路面弯沉检测中的应用

将激光检测技术应用在检测路面弯沉检测时，由于操作比较简单，精度较高，射程较远，能更好应用在刚度大的公路路面中。目前，路面弯沉检测技术已向自动化方向发展，比如高速激光弯沉仪，能对高速路面实现长距离且连续性测试，具有检测效率高、安全性好、检测速度快、无须封闭交通等优点，适用于高速公路、高等级公路的路面弯沉检测，即便是路况较为复杂的路段也能高效完成检测工作。比如我国某省干线高速公路养护里程为400千米，如果按传统方法，根据弯沉情况检测里程控制在养护里程的20%来检测，若要检测100千米，需花费3个工作日才能完成，而采取高速激光弯沉仪进行全面检测，只需不到一个工作日就能完成检测工作。该检测技术能实现全面大规模的路完成弯沉检测，还不影响检测路段的正常交通，提升了道路资源利用率，有效保障了人们出行安全。

第二节 雷达检测技术

一、雷达概述

（一）原理

在目前公路检测中，雷达检测技术是比较常见的。它利用高频电磁波，按照地下介质的分布情况进行全方位的检测以及分析。地质雷达检测的优势是比较明显的，不仅精准度较高，而且还有助于开展无损及连续性的检测。其组件包括雷达主机和天线系统，在实施过程中，不同的模块发挥着各自的功能以及优势，其中控制系统主要包含计算机系统，电源系统包含发射和接入装置。在计算机系统实施过程中，要进行不同信号的模拟，再将信号检测技术纳入计算机平台，从而实现信号的广泛性传输和储存。在应用的过程中，天线系统要对各个信号进行有效的互通和转换，这样才可以保证信号在传输时的通畅性。

（二）特点

雷达技术检测能够在施工之前对施工区域的地质情况和水文条件进行全方位的勘测，最终确保结果的准确性，这是以往地质勘察技术所达不到的。在地质雷达技术实施的过程中，需要结合这一地区的地质条件进行断层面的多方位了解，从空间分布以及规模入手来进行有效的检测。如果在断层中出现裂缝，那么要在填充好填充物之后进行后续的检测，防止对最终的检测结果产生一定的影响。

二、雷达在道路工程检测中的作用

（一）路面厚度的检测

地质雷达在公路路面厚度检测中得到了广泛的应用。以往公路路面厚度检测常用的方法是挖坑和钻芯法，但这些方法在实际检测时盲目性较强，还存在能源消耗的问题，并对原有路面结构造成一定的破坏。如果周边的公路交通情况非常复杂的话，会再次加大实际检测技术实施的难度，因此，在实际工作中需要加强对地质雷达检测结果的合理利用，通过短脉冲来对路面材料进行实时和连续性的检测，由雷达识别软件自动识别各层分界线，得到雷达波在各层的双程走时。

根据该双程走时以及电磁波在路面材料中的传播速度，获得相对应的图像，从而可以计算路面面层厚度。在公路质量检测时，应根据被测路面标称厚度选择适当频率的雷达天线，减小测试影响因素。在进行水泥混凝土和沥青混凝土检测时，要合理地控制雷达波传播的速度，同时保证测量误差能够保持在1cm的范围之内。

（二）路面病害的检测

在路面病害检测时，需要结合周边自然条件和这一区间车辆的压力，明确公路路基和路面所产生的变化规律。在以往公路使用时，路基会产生不同程度的沉降，逐渐形成空洞，既影响了驾驶的安全性，还制约了我国公路行业的稳定发展。

因此，在实际工作中，需要充分地发挥地质雷达检测记录功能，全面地了解路基和路面的平面布置，也可以针对某一个路段形成剖面图。根据实际的数据掌握情况，初步判断损害程度和损害的范围，从而为后续公路工程养护和修补工作提供重要的材料支撑。在检测时，还可以将数据传送到计算机中，构建三维立体平面图，从而精准地了解公路路基和路面的损害情况。

（三）缝隙和坍塌问题的检测

地质雷达技术在公路缝隙和路面坍塌检测中也较为常见。当前公路路面的裂缝是比较常见的问题。裂缝周边的介质会随着裂缝的变化而发生相应的改变。在实际应用时需要根据不同的位置采取不同的处理方法，技术人员要根据不同基层裂缝情况和表面反射波的差异性判断不同的相轴中断问题。

在实际工作中需要具体问题具体分析，提高评估的效果和水平。在公路建设时，基层积水属主要危害，因此在实际工作中需要适当地应用地质雷达检测技术，及时发现其中问题。在公路使用过程中还易产生由于车辆荷载过大而出现道路变形的问题，这需要根据地质雷达检测图像中的内容，对介电性差异进行精准的判断，了解主要的节点差异点，确定实际存在的问题。

第三节 超声波检测技术

一、超声波法的主要原理

在使用超声波法进行检测之前，检测人员应先将一定数量的声测管预埋在桩身位置，采用水祸合的方式，从一根声测管处发射超声波，并在另一根处进行接收，从而达到对被测桩基混凝土介质参数进行检测的目的。如果混凝土中存在缺陷，超声波会出现折射、反射以及绕射等现象，因此当换能器接收到超声波时，检测人员可以依据主频、波幅以及时间等参数对桩身完整性进行判别，从而达到检测的目的。

二、超声波检测技术在道路工程中的运用

运用超声波技术来进行道路工程检测能够实现无损检测。超声波能够对目标内部的裂纹或者孔洞等问题进行检测，具体是通过超声波的反射来完成检测过程，通过探头来对发射回来的超声波进行分析，从而对出现问题的位置进行准确的判断，同时也能够根据分析结果来对裂纹或者孔洞的大小进行定位。

在道路工程检测过程中，超声波检测技术属于常用的无损检测技术类型，该方法可用于判别隐蔽工程是否存在缺陷，保证隐蔽工程质量安全。该技术的检测原理是借助超声波的穿透性，对于结构成型状态进行检查，如果结构内存在问题（如内部裂缝、缺失等），那么超声波反馈波长也会发生变化，据此来确定结构不合规部位所在位置，加快施工问题的处理速度，波形畸变位置就是构件的缺陷位置。在实际应用过程中，还需要注意以下几方面内容。

①做好施工现场的清理工作，将一些干扰因素，如堆积的机械设备、施工材料等进行清理，为超声波检测技术的应用奠定基础。

②做好干扰因素的处理工作。超声波的穿透性很强，在对道路工程施工质量进行检查时，还会对路基周围结构进行检测，对此，在分析过程中，需要做好此类干扰因素的排除工作，从而提高检测结果的可靠性。根据分析结果来确定道路工程路面施工效果，对于缺陷位置进行及时修复，提高道路工程的施工质量。

③如果长期处于超声波环境中，会对于人体健康会带来一定程度的影响，因此在实验过程中，需要提前设置好警戒线，禁止人员进入检测区域。在实验结束后，也需要及时关闭超声波仪器，做好相应的清场工作，以此来提高数据检测结果的准确性。

（一）运用超声波技术进行检测的注意事项

1. 对施工中的细节进行控制

当浇灌过程孔壁漏水或渗水、清孔不符合规范或者混凝土供应不及时等问题，会导致桩基出现桩身混凝土离析、冷缝、桩底沉渣过厚等，这些会使桩基承载力受到严重影响。

2. 对声测管进行保护

在施工过程中，施工人员应对声测管实施保护，避免其被破坏，当其被破坏时，会出现仪器探头被卡住、声测管堵塞等问题。在进行养护和施工过程中，应该将盖子放置于管口，避免异物进入其中。

（二）配合钻芯法进行应用

钻芯法是使用钻芯机从桩身钻取芯样，并对其进行检测和观察，对桩基混凝土的连续性、强度以及密实度、桩底沉渣等缺陷进行分析，从而对桩身质量进行判断，该种方法在桩基检测中应用较为广泛。但是只使用钻芯法并不能对桩身的整体情况进行判断，且该种检测方式具有检测费高、破坏桩身等局限性，因此通常用来复检及抽检。在对桩基进行检测时，可以结合超声波透析法和钻芯法，如果使用超声波检测法进行检测时发现缺陷，则可以再采取钻芯法对桩基情况进行分析，使检测准确性进一步提高。

第四节　其他检测技术

一、机械检测技术

与其他路基路面检测技术相比，机械类检测技术的基本原理比较简单，它是通过机械或人工操作而获得路基路面的技术参数或计量信息的一种技术手段。它是将路基路面的几何量，通过机械类杠杆或杆系的传动，使与它连接的机械类计数器或者绘图笔发生动作，从而在计数器里得到数据，或者在绘图纸上得到图形。

机械类检测技术相对比较落后，但因它具有结构简单、易于制作、使用寿命长、故障率低以及价格便宜等优点，在某些特定场合仍有一定的实用价值，比如短途竣工验收、桥面平整性能测量等。但由于其自身存在的测量精度低、测量时劳动强度大、效率低等缺点，因而需要对其进行技术革新，使之满足现代路基路面测量的需要。

二、机电检测技术

机电检测技术是将机械、人工以及电子测试采集相结合而获得路面的技术参数和计量信息的一种技术手段，是目前应用比较广泛的一种测量技术。路基路面机电检测技术的基本原理是将路基路面中的物理量或几何量，通过与其接触的机械杆件的动作，传递给磁电计数器或磁电绘图仪，最后由这些计数器给出数据或绘图仪给出图形，并通过这些数据或图形得出路基路面的实际质量状况。由于机电检测装置具有仪器可靠、使用寿命长、价格低廉、使用方便等优点，因此，在土木工程中得到了广泛应用。[1]

另外，在机电类检测技术中，还有一类是将机械动作直接传递给函数型计算器，通过它即能获得路基路面的技术参数。这种函数型计算器可以借助它内部的运算功能得到实现，只要在机械动作与函数型计算器的按钮接线间插入一个中间转换器，即能将机械信号变成电信号，再由电信号变成数字信号。[2]

---

[1]　王春堂，郗忠梅，张晓.城市道路工程检修与维护 [M].北京：化学工业出版社，2017.
[2]　李世华.道路桥梁维修技术手册 [M].北京：中国建筑工业出版社，2015.

三、摄像类检测技术

我国传统的路面病害检测均用眼睛观察计数，以作为养护修补的基本依据，但测记效率与准确度较低。20世纪80年代以来，随着我国高等级公路的修建，在引进外国技术的基础上，发展了我国高等级路面养护评价系统，对路面的状况定期做出快速评价，以便做出合理、科学的养护投资安排。因此，我国开始重视公路路面的病害摄像检测，并进行了路面摄像检测仪器科技研发和实际应用。①

四、抽查评定检测技术

在建设工作中，建设环境存在较大差异，为保证公路质量，采用了抽查检测法，运用多种方式对公路情况进行分析。进行检测分析时，检测人员首先根据施工结构对建材使用情况进行落实，并记录公路建设的原始信息。除了对水泥混凝土使用情况进行检测，还需对公路上层覆盖的沥青情况进行检测，这项流程的目的在于保证沥青在温度影响下的变形程度满足质量标准要求。

五、光线传感技术

在对公路质量进行检测时，使用光线传感技术能够提高检测工作的精准性和科学性，进而提高公路的质量以及延长使用寿命。该技术的优势在于可以在没有光线照射的隧道内进行检测工作，将特定物体以及相关物理量转换为能够被设备识别的光信号，进而提高检测工作的兼容率。因此，这种技术的应用范围较小，需根据工程路段实际情况科学选择使用。

六、探地雷达检测技术

探地雷达方法是根据高频（偶极子）电磁波在地下介质传播的理论，利用发射天线将高频电磁波（50～2000mHz）以宽频带短脉冲形式送入介质内部，经目标体反射后回到表面，再由接收天线接收回波信号。电磁波在介质中传播时，其路径、电磁场强度及波形随所通过的介质的电性性质及几何形态而变化，根据接收到反射回波的双程走时、幅度、相位等物理信息，可对介质的内部结构进行判释。在道路工程中，探地雷达技术可以用于测试路面的厚度，检测含水量较高的区域，测定衬砌结构的密实情况及衬砌厚度，判定道路结构层的完

---

① 张铁志. 交通土建机电技术 [M]. 北京：冶金工业出版社，2013.

整性。路面结构不同，所产生的反射波的波幅也会有所不同。通过检测得到的图谱，可以分析结构部位的相关性能，可以发现哪处存在不密实，便于施工现场及时做出反应，确保工程质量。

七、射线检测技术

与超声波检测技术应用原理相类似，射线检测技术也属于常用的无损检测技术类型。该技术的应用原理在于借助射线的穿透性，对于结构成型状态进行检查，如果结构内存在问题（如内部裂缝、缺失、不均匀分布等），那么反馈波长也会发生变化，据此来确定结构不合规部位所在位置，为后续处理措施的制定提供数据参考。在实际应用过程中，还需要注意以下几部分内容：第一，射线对于人体会造成一定危害，因此在检测过程中，现场人员不允许进入检测现场。第二，清理检测现场，将干扰因素提前清理出作业区域，从而提高检测结果的可靠性。

第三章　路基路面工程检测

在公路项目建设中，公路路基路面是最重要环节之一，其施工质量影响着工程整体建设质量。由于路基路面质量直接关系着车辆是否能够安全运行，因此，在公路路基路面施工中需重视试验检测工作的开展，此环节需加强路基路面各项检测，保证路基路面的整体质量。本章主要包括压实度检测、平整度检测、抗滑性能检测、回弹弯沉检测、渗水性能检测以及结构层厚度检测六部分。

第一节　压实度检测

一、路基路面压实的作用

（一）提高路基承载性

随着路面荷载的增加，路基在荷载作用下会发生沉降、变形，而严格控制压实施工，可以提高公路路基的承载能力，延长使用寿命。路基承载能力分为强度和刚度两个方面，因此，掌握路基压实技术对提高公路强度和刚度有重要作用。

（二）提升路面平整度

公路项目施工中如不注意压实施工，会造成路面凹陷明显，严重时甚至发生路面沉降，影响高速公路的正常使用，因此，应采用科学的压实施工技术，确保施工过程符合规范要求，从而有效保证公路路面的平整度。

（三）增加公路耐久度

公路工程压实施工不规范，会导致公路的耐久性变差，在长时间荷载运行下，容易发生断裂、损坏或沉降，严重威胁公路的安全，而掌握路基与路面压实工艺，能在一定程度上增加公路耐久性，确保使用安全。

二、影响路基路面压实度的因素

（一）含水量

（1）公路工程压实施工中，结构层会被划分为多个层次，随着压实过程的不断重复，路基与路面的层状结构将变得更加紧密，层间摩擦阻力和黏结力将增加，如果不同结构层含水量差异过大，将导致土体应力降低，从而引起压实土体的局部承载能力差异。

（2）压路机运行时，土中空隙较小的空气被挤出，土间压力增加，含水量过大或过小，都会导致压实过程的阻力无形中增大，使压实过程不能顺利进行，因此，在路基与路面压实施工中，需要时刻监测土中含水量的变化，避免因含水量对压实质量产生影响。

（二）碾压工艺

（1）碾压工艺对压实效果的影响主要包括三个方面，即压实厚度、遍数、速度。不同土质路基与路面的压实方案需要进行不同处理，从而合理确定压实厚度、遍数。

（2）公路碾压应严格按顺序施工，先两边后中间，碾压速度由慢到快，这是保证路基与路面碾压质量的重要因素，如碾压速度过快就会导致路面不平，过慢则会导致路基承载能力下降，最终导致公路质量问题。

（三）压实设备

（1）碾压施工是路基与路面施工中的一项重要技术，由于其技术难度大，必须依靠机械设备辅助施工，因此，设备选型是否规范，会直接影响压实工艺的质量。

（2）一般而言，公路压实施工需选择重型设备，在设备选型过程中，施工单位应考虑压路机的吨位指标，以确保压实质量，保证路基与路面内部整体结构的安全性和稳定性。

三、压实度检测方法

（一）灌砂法

公路工程路基压实度试验检测经常使用灌砂法，选择粒径范围在0.3～0.6mm、0.25～0.5mm，保证粒径颗粒均匀，置换试洞体积内的量砂，实施路基密度、压实度精准计算。在应用灌砂法过程中，路基厚度代表碾压层厚度，检测人员要将整个碾压层作为检测的对象。在实施检测之前，将量砂、灌砂筒及时标定，并且在检测现场打洞。该方法的缺点是劳动强度增大。灌砂法不适合在大空隙压实层检测中应用，若空隙率大，建议将试洞体积置换为水代法，可以保证压实度检测效果。

（二）环刀法

公路工程路基压实度检测中，环刀法是相对传统的一种检测方法。通过路基施工现场密度测量，实施检测的最终结果无法代表碾压层平均密度。针对土密度进行检测，确定测试点密度可以直接代表碾压层平均密度，但检测期间各项操作面临一定困难。如果环刀取土位于碾压层中间位置，对比灌砂法检测结果，采用环刀法最终效果有可能会与之一致。检测细粒土层密度建议应用环刀法；如果路基包括粗颗粒或是松散材料，那么压实度试验检测便不适宜采用环刀法。

（三）核子密度仪法

针对公路工程路基压实度的试验检测，如果采用核子密度仪，通过放射性元素检测土路面材料密度以及含水量，可以提高检测效率，并且不需要大量的工作人员。但放射性元素会对人体带来一定的危害，现场检测必须进行打洞，且打洞期间很有可能会对周围土体结构造成破坏，不仅会降低检测结果精准性，还直接增加了检测环节的工作量。一般核子密度仪法会作为现场施工控制的一种方法，对比灌砂法、环刀法，该方法的可靠性更强。

（四）地质雷达检测法

如果公路工程高填方路堤、路基的深度较大，采用常规方法无法满足压实度检测要求，便可以采用地质雷达检测法。通过专业检测仪器，既能够保证压实度检测结果的精准性，又不会破坏检测路基质量，可以达到无损检测效果。

四、工程实例分析

（一）工程概况

某公路工程项目按双向四车道设计，路基宽度为 22.6m，路面宽度为 20.8m，路基为填土路基，路面采用沥青混凝土施工，为确保该公路完工后路基的承载能力、路面平整度、公路使用寿命，决定对压实施工技术严格控制，以保证路基与路面压实度符合设计要求。

（二）施工工艺

1. 准备工作

（1）本工程碾压施工前必须做好必要的施工场地清理工作，清理后应保持路基平整、清洁，此外，碾压施工前路基边坡应严格按照设计标准和要求进行优化设计，确保其坡度、宽度、平整度等符合规范要求。

（2）本工程路基碾压施工前应仔细检查路基土质含水率，对不良的土质地段应提前处理，软土应采取加固、硬化处理。

（3）路基碾压前，对存在的坑洞应及时进行填土处理，同时要注意填土材料的控制，要根据设计标准和施工规范等要求，用沙土或黏土进行路基填筑，以确保碾压施工质量。

2. 碾压

（1）为保证本工程压实施工质量，碾压前需要对压实层的厚度进行检测、计算，对填料层松铺厚度进行数据检测后选取试验段进行试压，确保碾压方案的合理性，并根据试压结果对碾压方案进行必要的调整。

（2）本工程碾压施工应遵循从两侧向中间碾压的原则，如果在曲线段碾压施工，应遵循由内向外碾压的原则，碾压次数一般为 6～8 次，其中初压为静压，碾压 1～2 次，复压为振动压实，碾压 3～4 次，终压为静压，碾压 1～2 次。在碾压过程中要控制压路机的速度，碾压速度应先慢后快，先将碾压速度控制在 1.2km/h 以内，随后可将碾压速度控制提升至 2.0km/h。路基的碾压温度应控制在 80～100℃，路面碾压温度应控制在 130～140℃。

（3）为保证本工程中所有路基与路面的质量一致，在碾压作业中，应考虑施工现场的气候环境问题，根据当天天气的变化，对碾压方式进行必要调整，如风速较大且温度较高，可以适当缩短碾压作业时间和路程。

（4）材料在碾压过程中会出现粘连现象，为避免这一问题，要求相关施工人员及时清理碾压机上的材料，并向碾压轮喷水，以免影响碾压质量。

（5）本工程路面碾压作业过程中，应尽量保证施工的连续性，按设计的碾压路线一次碾压完成，如必须中断施工，应及时做好接缝处理。此外，刚碾压成型后的路基与路面上不允许车辆随意通行。若振动压路机必须通行，应关闭振动装置，避免行驶中急停或掉头。

3. 质控措施

（1）材料控制

①材料选择的合理性与均匀性，直接影响本工程的压实施工质量，因此施工人员在施工前，要结合施工方案以实现现有材料的合理搭配。

②路基碾压施工前，应对路基铺筑的土层材料进行严格控制，结合路基承载力的要求，选择使用性能满足设计规范的土料，必要时可以适当添加外加剂等，确保材料性能，保证路基碾压质量。

③路面碾压施工前，应结合施工要求，确保沥青混合料的配比试验有序进行，根据最终试验结果确定最优的配比，然后保证路面混合料搅拌质量，严格控制拌和速度、温度，以确保混合料拌和均匀、无离析现象，保证路面碾压质量。

（2）含水量控制

含水量是影响公路压实质量的重要参数，因此，本工程施工中应严格做好含水量的控制，确保碾压施工中，材料的含水量为最佳含水率。如含水量过大，应采用日晒，将水分蒸发；如含水量过低，可以通过洒水方式进行处理，以减少或避免施工中因含水量问题影响压实质量。

（3）结构层控制

本工程压实度的大小会直接影响公路结构形式，因此，碾压施工中施工单位应合理控制路基与路面结构层的宽度，并按结构层宽度对公路进行压实作业，避免造成路基的不均匀沉降或影响路面平整度。

4. 质量检测

本工程施工结束后，为确保碾压施工质量，对路基采用灌砂法进行压实度检测，对路面采用核子密度仪法进行检测，分别在路基和路面中随机均匀选取四个检测点，并将检测结果与设计值进行对比，以确定碾压质量，检测结果见表 3-1。

表 3-1 压实度检测结果

检测点	路基压实度（%）	设计值（%）	路面压实度（%）	设计值（%）
检测点 1	96.8		98.5	
检测点 2	97.1	95	97.3	96
检测点 3	96.4		97.9	
检测点 4	96.7		98.2	

由表 3-1 检测结果可知，本工程路基四个检测点中，压实度最小的为 96.4%，比设计值 95% 大 1.4%，因此路基碾压质量合格。而路面四个检测点中，压实度最小的为 97.3%，比设计值 96% 大 1.3%，因此路面碾压质量合格，结果表明：本工程碾压施工质量均符合设计要求，可以投入使用。

第二节　平整度检测

一、提高沥青路面平整度的作用

（1）延长道路使用寿命。较高的路面平整度不仅会提高行车舒适性，还会降低车辆动态作用力。在车辆荷载的反复作用下，会在沥青路面平整度较差的部位产生较大的冲击作用力。平整度越好车辆动态作用力越小，也可以减轻对路面结构的破坏，延长路面使用寿命。

（2）提高行车舒适性和安全性。良好的路面平整度可以降低车辆行驶过程中的振动，提高行车舒适性。同时，良好的路面平整度还可以降低由于水雾和漂滑导致的交通事故，提高行车的安全性。

（3）延长车辆使用寿命。行车中的剧烈颠簸会加速车辆损坏，增加车辆维修费用。良好的路平整度不仅可以减少振动，还可以减轻轮胎的磨损，降低油耗，延长车辆的使用寿命。

二、路面平整度影响因素及应对措施

（一）影响因素

1. 基层平整度

基层平整度差会直接反映到面层，这是由于摊铺机行驶在不平整的基层上，虽然可以通过找平装置和熨平板进行整平，但还是会影响面层平整度。基层的平整度差会使摊铺后的面层出现上下起伏的波浪，从而降低面层的平整度。

2. 路基变形

由于路基的稳定性不良，在路基变形没有达到稳定状态后就进行了面层施工，完工后路基沉降变形导致路面平整度下降。这种变形往往是整体性的，对路基路面结构的破坏较大。

3. 摊铺施工

沥青路面摊铺采用自动找平系统，必须有一个参考基准。另外，路面平整度还受混合料质量、摊铺机械性能、操作水平等因素的影响，因此摊铺作业施工是沥青路面施工的重要环节。在路面摊铺过程中，一方面要调整好施工参数，另一方面要保证摊铺的连续性，以保证路面平整度。同时，驾驶人员操作不熟练，摊铺过程中运料车碰撞摊铺机，也会降低路面平整度。另外，如果路面上部洒落一定量的混合料，会使摊铺机行走过程中出现左右晃动，影响路面平整度。

4. 施工材料质量

沥青路面施工需要使用大量的路面材料，可能单个采石场的生产量不能满足施工需要，这就需要同时从几个采石场购买原材料。但各采石场之间原材料质量会存在一定的差异，虽然对集料最大粒径进行了控制，但中间粒径控制难度大，会使矿料级配产生较大变化，进而影响沥青混合料的质量，降低沥青路面的平整度。

5. 接缝处理

在公路路面施工中接缝处理也是比较重要的环节，其处理效果会对路面施工质量及平整度造成严重影响。接缝处理不到位，处理方法不合理，都会降低路面施工质量及平整度。尤其是如果接缝位置混合料没有达到设计压实标准，会影响新旧混合料的强度，容易在接缝位置出现松散、裂缝等问题，从而影响路面施工质量及平整度。

6. 施工人员素质

虽然目前公路路面施工中，机械化水平不断提升，但依然离不开人的干预，因此，现场施工人员的专业水平和技术能力，对路面施工质量及平整度有很大影响。就目前我国公路工程施工发展现状而言，施工人员综合素质参差不齐，很多施工人员对路面施工质量及平整度控制的技术、重要性等一知半解，在施工中存在敷衍了事的问题。甚至一些施工人员为减少自己的工作量，存在偷工减料、盲目施工的现象，容易造成路面施工质量及平整度出现问题。

（二）应对措施

1. 材料控制

（1）原料的采购、验收、贮存等各个环节都需要严格管理。在保证原料质量的前提下，应选择规模较大的采料场，以保证整个标段的施工需要，进而保证碎石规格一致。例如，石料场供料不足，则施工单位须重新对石料进行分级试验。

（2）科学、合理的配方设计和配料比例，可以保证混合料的稳定性。根据工程建设目标和原材料质量要求，科学进行配比试验，合理确定沥青混合料的配比，即通过搅拌生产、试验铺筑等方法确定标准配比方式，施工过程中一般采用 S 形配比曲线。

（3）搅拌时间、搅拌速度、搅拌温度等施工工艺，都会对搅拌性能产生影响。搅拌时要注意质量控制，骨料应呈嵌挤状，不得出现花边和泡沫。

（4）为避免拌和料在运输过程中出现离析现象，施工单位应结合搅拌场地与施工场地之间的距离，合理组织调配运输车辆。

2. 机械控制

（1）采用性能良好的机械设备可大幅提高路面施工质量，施工人员必须具备良好的操作技能。所以要保证摊铺质量，使沥青路面达到良好的平整效果，关键是要严格遵守机械设备的操作规程，做到熟练掌握。

（2）摊铺机需加温运行，从启动到正常摊铺，需要一个废弃的试验段，为 3～8m，才能达到正常的摊铺效果。所以充分了解摊铺机的性能是保证摊铺机摊铺平整度的关键。

（3）严密控制摊铺机螺旋布料机，保证摊铺均匀，摊铺机前后料浆高度保持不变。一般混合料的摊铺高度与螺旋布料机的轴心线相对应，摊铺高度越高越不均匀，就会影响各机械部件在铺料角上的受力平衡，从而造成布料机损坏。

3. 施工控制要点

（1）控制路基施工质量

第一，填土施工中，应严格控制填土的均匀性、含水量，最好选用岩土填筑。为保证路基的整体压实度符合要求，在碾压施工中，应严格按照有关规范进行。第二，为避免以后出现不必要的沉降，应采取适当的方案进行处理，如墙、台、软地基处理、涵洞回填等。第三，为保证路基稳定，减少病害发生，应采取适当的防水措施。第四，在路面施工过程中，为了保证混合料的稳定性，需采用集中搅拌和机械搅拌相结合的方式进行摊铺。

（2）控制涵洞及伸缩缝

第一，对桥头、涵洞底部、台面、台背等特殊部位，特别是软土地基等特殊部位，采用插入塑胶板的排水加固方法进行加固处理。第二，桥头过渡段设计，采用过渡铺装的方式，或在一定范围内设置铺装板，可有效避免车辆在行车过程中发生跳车事故。第三，台背材料的选用应根据路段的实际情况进行调整。第四，高填埋量涵洞与侧墙连接时，应选择消耗较大的高填埋量涵洞，以保证整个工程无偏移。

（3）控制摊铺碾压

第一，路面平整度必须经过专门的路面质量检验，通过检验确定路面质量，才能使路面平整度达到合理水平。第二，按照沥青一体化施工方案，对一些较为复杂的沥青路面进行性能测试。采用分层填埋法和压路机碾压法，可有效防止沥青施工过程中的各种质量缺陷。第三，铺装应分层，以确保路面达到良好的压实度。如果是上层建筑，最好是 8m/m²，速度适中，使每层铺面厚度一致。第四，先期摊铺工作结束后，要立即对铺面进行动态检查，遇到路面不规则或变形时，需人工及时修正或在线处理。第五，保证原材料在温度、湿度方面满足施工要求后，方可进行后续处理。轧辊运转时，轧辊运动速度必须适当控制，匀速最大为 4 ～ 5km/h。第六，建议采用 30 ～ 50m 宽的碾压，对初压和终压分别进行控制，分别确定温度和变量。初始压力温度必须大于 130℃，复压力温度必须大于 90℃，终压温度不得低于 70℃。

（4）人员控制

要提高沥青路面的平整度，就要重视管理与施工人员的业务素质，加强其专业素质。一个高素质的专业管理人员，必须具备以下能力：第一，高度的责任心和综合素质。第二，施工过程中，严格执行施工文件和制度，采用适当的监理方法，减少返工，特别要加强对施工人员的监督。第三，及时掌握工程动态，了解工程施工情况的变化，合理使用系统文件，有效控制工程的安全。第四，加强对施工技术的研究，采用科学合理的方法进行施工。建筑施工企业应落实责任，通过责任制度规范施工行为。

三、路面平整度检测流程

市政道路的路面平整度检测一般由建设方交由具有相应检测资质证书的第三方检测机构执行，检测机构根据检测数据对路面平整度进行评定，并出具具有法律效力的第三方检测报告。具体检测流程如图 3-1 所示。

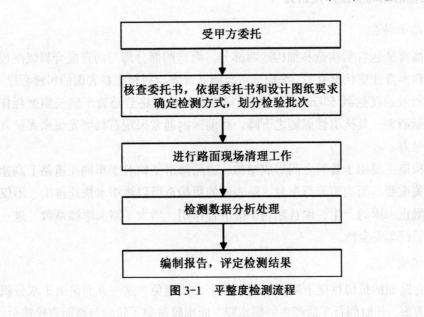

图 3-1 平整度检测流程

第三节 抗滑性能检测

一、抗滑原理及影响因素

（一）抗滑原理

高速公路沥青路面的抗滑作用主要是其宏观构造和微观构造决定的，评价其抗滑系数的指标以摩擦系数为主。沥青路面摩擦系数越高，抗滑性能越强。随着目前我国高速公路交通量的不断增大，车辆轮胎与路面间的摩擦频率也越来越高，路面抗滑系数快速降低。研究表明，沥青路面粗糙程度主要与沥青混凝土设计空隙率和集料磨光值有关，集料表面越粗糙、设计空隙率越大，其抗滑性能越强。在路面存在积水的情况下，积水会通过路表空隙快速排出，避免了水膜产生，提高了路面抗滑性能。但沥青混凝土的空隙率也决定了其抗水损害能力，当环境温度较低时，过多的水分积聚在沥青混凝土结构内，结冰后将产生冻胀，导致路面的路用性能急剧下降。

（二）抗滑性能影响因素

研究发现，影响沥青路面抗滑性能的因素主要包括路面特征、环境条件、行车速度和路面清洁度，具体如下。

1. 路面特征

路面特征包含粗构造和细构造两部分，而这两部分都与沥青混合料级配设计和集料本身性质状况有关。细构造主要指沥青混合料粗集料表面的粗糙程度。当车辆行驶速度达到 50km/h 后，粗集料表面的纹理将会随着车辆长期磨耗作用而逐渐消失，其抗滑性能随之下降。目前国内通常采用石料磨光值来表征其抗磨损能力。

粗构造主要用于骨料之间形成结构，道路防滑结构对于车辆在道路上高速行驶至关重要。而当雨天行车时，路表面的粗构造可以将积水快速排出，不仅能有效阻止水膜的产生，而且起到了抗滑合作用，增大了路面摩擦系数，进一步提高了行车安全性。

2. 环境状况

沥青路面的抗滑性能下降在潮湿环境下无法避免。这一方面是由于水分积聚在路表面，长时间行车后产生一层水膜，而水膜避免了轮胎与路面直接接触，降低了摩擦系数；另一方面是受环境温度影响，摩擦系数也会降低。研究表明，温度每上升 1℃，路面摩擦系数将降低 1%，温度超过 40℃后，温度的变化对路面摩擦系数无显著影响（在潮湿环境下，温度超过 50℃后，路表面摩擦系数几乎不会随温度而变化）。

3. 行车速度

车辆行驶速度越快，车轮与路面的附着力就越小，路面的抗滑能力也越小。因此，为了有效发挥沥青路面的抗滑性能，保证行车安全，需要对车辆行驶速度加以限制。

4. 路面清洁程度

沥青路面表面有时会形成一层污垢层，其主要原因是雨天积水浸湿路面。路面污垢的来源主要是车辆高速行车带来的泥土、灰尘、油垢、粉末等，这些都将直接导致沥青路表面抗滑性能严重下降，进而增大事故率。

二、抗滑性能检测方法

（一）横向力系数检测法

车辆处于行驶状态下，由于受到路拱、横坡的影响，车辆在制动后不同车轮制动力也有所区别，从而就容易造成车轮横向倾斜。为了能够实现对车辆运行状态的有效评价，应准确测定车辆横向位移形成的阻力，从而获取沥青路面相应摩擦系数，也就是路面横向力系数。一般是通过横向力系数测试车进行沥青路面的横向力系数指标测定，此检测方式能够准确测定沥青路面的纵向摩擦系数，也能够直观、真实地反映出侧向摩擦系数，所以选择此检测方式获得的结果准确且效率高，也不会影响道路交通正常运行。

（二）制动距离法

从本质上分析，制动距离法指的是已知汽车质量，对汽车在湿滑路面中的制动距离进行测定，然后利用有关公式准确计算出沥青路面摩擦系数的一种技术方法。但是具体操作时无法实现车辆完全制动，而且环境条件影响相对比较大，适用范围小。

（三）能量损失法

能量损失法指的是以能量守恒定律为核心的一种沥青路面抗滑性能检测技术，选用的仪器基本是摆式摩擦系数测定仪，以摆锤末端的橡胶片做的功呈现沥青路面抗滑能力大小。此检测方法操作简单，且成本低廉。但是实践操作中很容易受人为因素影响，从而造成检测结果准确度偏低。

（四）间接测试法

间接检测法指的是测定沥青路面的构造深度或者是摩擦系数，从间接上呈现出沥青路面的抗滑性能，基本选择的检测方法是铺砂方法与激光构造深度测定方法。铺砂方法的原理比较简单，操作便捷，但实践操作中人为主观因素造成的影响比较大，且铺砂厚度各不相同，所以不能保证检测结果的精准度；而激光构造深度方法指的是以激光方式扫描沥青路面，然后获取沥青路面的实际影像，在分析研究构造特点之后评价沥青路面的抗滑性能，此方法的优势是检测结果精准度比较高，对道路交通的影响较小等。

第四节　回弹弯沉检测

一、回弹弯沉检测技术

（一）贝克曼梁法

该方法是路面弯沉检测技术中应用最广泛的方法之一，具有操作简单易学、检测设备要求低等优势。由于全过程均为人工操作，该方法的测量均一性不高、结果获取周期长，受操作人员专业水平影响较大。该方法主要用于以下三种工作环境：第一，对路基的弯沉参数进行测量，以评估公路基本承载力大小，为公路结构设计提供参考；第二，在项目验收时测定建成公路的回弹弯沉数值；第三，测定得到的数据可以用于后期公路养护方案的设计与制定。需要注意的是，测量获得的路基、沥青路面的回弹弯沉值应以25℃测量数值为准，其他温度时需要依照经验公式进行修正。

（二）激光弯沉测定仪检测法

激光弯沉测定仪的原理为激光发射与接收器之间距离与光电流大小成正比关系。具体来说，当车辆行驶离开测量区域路面时，路面回弹并使固定在地面的光电池上抬供电，与之相连的激光发射器打开并向硅光电池发射激光束，光电池产生特定的电流。光电流的大小间接反映了公路弯沉回弹值的大小。该检测方式具有操作便捷、准确度高、经济性强等特点，被广泛应用于中度与重度刚性沥青路面弯沉检测。

（三）落锤式弯沉测定仪检测法

落锤式检测法具有极强的耐用性，也是沥青路面检测工作中常见的检测方法。其检测原理为高处高速落锤对承载板产生冲击力，通过观测并计算路面弯沉程度以及冲击力实现对道路的弯沉情况的检测。检测步骤为：①使用重量较大的落锤从高处落向路面，落锤对路面产生冲击导致道路产生不均匀的弯沉分布点；②使用精密仪器对路面的表层以及深层结构的形变状况进行检测；③基于计算机软件对路面弯沉状况进行计算统计。落锤式弯沉检测方法虽然在实用性与准确性方面有较大的优势，但是其操作过程较为复杂，且存在一定的安全隐患。

二、回弹弯沉检测原则

第一，管理科学原则。在对回弹弯沉值进行检测期间，应当依据有关法律法规，并借助于规范化管理形式，科学检查施工检测流程，旨在确保最终检测值的可靠性与真实性。

第二，质量优先原则。从客观上讲，回弹弯沉值的大小会将路基路面的强度以及刚度充分展示出来，针对公路整体应用状态的改进发挥出了不容小觑的作用。倘若回弹弯沉值无法达标，那么检测也就没有了实质性的意义。

三、回弹弯沉检测的应用

1. 在路面结构设计中的应用

从方便监管部门对公路使用情况进行确认的角度，在完成公路工程规划设计后，要对路面结构设计得到的实际参数进行回弹弯沉检测，得到合理回弹弯沉值，然后还需进行相应的计算，考虑公路塑性要求，保证公路路面的稳定性和承载能力。

2. 在施工控制验收中的应用

在对公路工程路基路面进行施工作业的过程中，施工单位需要切实做好质量检测工作，借助回弹弯沉检测方法，可以了解公路整体实际情况，以此为参照，依照既定标准，判断公路施工是否能够很好地满足相关要求，如果满足，可以继续进行施工，如果不满足，则需要重新进行处理，提高公路的使用质量。在公路施工完成后，可以通过综合性的回弹弯沉检测来为验收工作提供参考依据，及时找出公路中存在的缺陷和问题，做好修复工作，保证公路最终质量。通过多次检测的方式，也可以为后期工作提供准确可参考的数据信息，保障公路运行的稳定和安全。例如，在某城乡快速路检测中，采用的是回弹弯沉检测的方法，通过百分表和弯沉仪等设备的相互配合，将轮胎气压 7bar 的卡车作为主体，轮胎接地面积为 $0.1cm^2$，整条道路被分成四段，通过阶段性检测的方式，得到了能够满足相关标准需求的检测结果。在进行检测的过程中，应关注百分表的灵敏度以及路面温度，降低外部因素对检测结果的影响。

3. 在道路养护补强中的应用

道路在长期使用的过程中,路面和路基很容易出现各种病害,如开裂、车辙、坑槽等，这些病害不仅会导致道路承载能力和使用性能下降，在没有得到及时修复的情况下，还会影响道路的正常使用，甚至带来安全隐患，影响行车安全。对此，相关工作人员应高度重视道路养护补强工作，借助回弹弯沉检测的方法，确定补强位置和补强程度，如果测量值较大，需要对道路进行大修。伴随着经济的快速发展，我国的汽车保有量不断增加，为更好地满足人们的出行需求，有关部门必须对道路结构进行优化，提升其承载能力，做好既有道路的养护和补强工作，对路基路面进行加固，以保证道路的使用安全。

第五节　渗水性能检测

一、路面渗水的原因

（一）水利冲刷

如果路面产生了渗水情况，那么行驶在当中的车辆轮胎或许会把水挤压至混合建筑材料的孔隙当中，在车辆通过之后，水就会从轮胎的后面吸取出来，这样一直进行反复的循环，沥青就将会产生剥落的情况。孔隙的连接处以及开口位置将会产生冲刷的情况，严重的甚至会使得路面出现压实度不够的问题，在行驶车辆的荷载因素影响下，水将会进到孔隙中然后被压实，然后增加孔隙内部当中的压力。温度如果上升，水体就将会膨胀；温度如果下降，水体将会结冰，对于路面的结构产生破坏，限制沥青路面整体性能的提高，对于通行的车辆也会带来 ·定的安全威胁。

（二）置换作用

水的渗透性能优良，而集料跟沥青的黏结性能相对比较弱，在常温的情况下，水体的渗透性大于沥青的黏结性。这样一来就将会使得水体极易产生下渗的情况，如果沥青面层的结构质量不符合标准，就将会出现路面水损害的情况。假如沥青对所有的集料都进行了包裹，但是在集料的尖角位置或者是粗糙位置，也非常容易产生沥青薄膜变薄的情况，水分就会从薄膜位置渗入到集料当中，进而影响到集料以及沥青的黏结性，使得沥青的薄膜出现破损，进而降低沥青路面的施工质量。一般来说，沥青路面如果产生了渗水问题，进入孔隙当中的水分就难以流出，滞留在路面中的水分非常有可能在集料的外表面产生置换作用，进而降低沥青路面的施工质量，干扰车辆的正常行驶，降低路面的投入使用年限。

二、沥青路面渗水试验检测

（一）合理选择监测点

在同一个测试路面当中，因为沥青公路路面在施工当中，混合料的搅拌、摊铺以及压实度是完全不相同的；再加之沥青公路在后期的运行过程当中各个路段交通荷载大小、施加荷载时间等都具有非常大的差异，所以，靠外侧的行车道磨损是最为严重的。对于这一具体的状况，在对沥青路面开展试验检测过程当中，应该科学地选取试验检测点。本文主要是根据某省某高速公路的施工项目，对于试验具体情况进行了表述，下面的数据结果就是某省某高速公路沥青路面渗水试验检测的具体参数记录状况，如表 3-2、3-3、3-4 所示。

表 3-2　测试点 1 数据记录表

序号	路面渗水试验路段	渗水系数	标准差	路面质量检测结果
编号 1		4.0		车辙
编号 2		5.3		松散
编号 3	中间行车道	4.2	3.03	松散
编号 4		0.0		密实无病害
标号 5		0.0		无病害

表 3-3　测试点 2 数据记录表

序号	路面渗水试验路段	渗水系数	标准差	路面质量检测结果
编号 1		32.1		松散
编号 2		91.0		网裂
编号 3	外侧行车道	21.4	39.86	松散
编号 4		29.65		微裂缝
标号 5		10.05		无病害

表 3-4　测试点 3 数据记录表

序号	路面渗水试验路段	渗水系数	标准差	路面质量检测结果
编号 1		5.1		无明显病害
编号 2		7.0		松散
编号 3	超车道	7.0	3.15	松散
编号 4		5.65		无病害
标号 5		2.01		无明显病害

通过上面的试验结果能够知道,即便是同一段沥青路面,因为试验检测点的选取位置不同,沥青路面的渗水系数以及最后的试验检测数据也是具备非常大的差异的。如果是为了检测路面质量的具体损坏状况,那么最好是把检测点设立在路面受荷载最为复杂的区段;如果公路路面相对来说比较平坦,并且不存在相关的质量病害,仅仅就是为了开展预防性质的养护检测,就可以把试验检测点设立在路面没有显著病害的位置处。

(二)正确读取试验检测参数

经过现场的试验检测可以知道,有的参数变动比较大,但是跟现场路面具体的渗水状况完全不同;有的区段试验检测读数比较大,然而现场的水流仅仅是渗入底座之后滞留在公路的表层,并不是真正的渗入了沥青路面的内部。这种试验检测数据结果在粗糙沥青公路的试验中比较常见,这表明沥青路面的该路段还没有真正形成上下两层之间贯通的深层裂缝。

三、路面渗水试验检测流程

(一)目的以及范围

通过路面的渗水测量设施,得到沥青公路路面的渗水系数,进而了解每个路面的渗水状况,这样一来就能够给采取对策处理渗水问题打下基础,试验检测的范围仅仅适用于普通的沥青路面。

(二)设备以及原料

要准备好容积 600mL 的有关设备用于测量路面渗水,设备的原材料是有机玻璃,上部是透明的盛水量筒,并且上面标有刻度,下部是通过直径为10mm 的细管一直连接到底座,细管的中间设立了一个开关。量筒使用支架进行连接,底座的下部设有一个圆环。

此外,还需要准备好秒表、水桶、漏斗、扫帚、红墨水、水、粉笔、玻璃腻子、橡皮泥等原料。只有在将这些材料准备完成之后,才可以更好地进行下一步的试验检测工作。

(三)方法及步骤

1. 准备工作

通过随机取样的方式选取出合理的测量位置。每一个检测路段都要设立五个检测点,利用扫帚将杂物清扫干净,保证路面的整洁干净,然后用粉笔比较出检测点。在水桶当中滴入几滴红墨水，让清洁的水变成淡红色，然后在沥青路面装设渗水检测设施，给接下来的测量做好准备工作。

2. 试验流程

为了得到精准的数据以及结果，渗水试验需要严格结合下述的流程开展：依照检测设备底座的实际尺寸，利用粉笔在路面做好圆形的标志，然后在路面上沿着底座涂上一层紧密的薄层，用手进行压紧，确保密闭的原料牢牢地黏结在路面上。把渗水检测设备的底座放在密闭原料圈当中，并且用压重铁圈对设备底座开展固定，防止水从路面以及底座渗透出来。关闭细管开关，使得检测设备上部的量筒填充满红色的水，总体积为 600mL。打开开关使得水从细管的下部流出来，在水面降低到 100mL 的时候打开秒表，每间隔 60s 读取一次量筒的具体刻度数，等到水面降低到 500mL 的时候停止。应该认真填写好报告，保证数据的精准性以及可靠性。重复上面的操作流程，然后对其他部位的渗水系统开展检测，然后去平均值，当作最后的检测结果。

3. 渗水系数整理

结合试验检测的数据与结果，在报告的列表当中严格结合规范的具体规定，认真填写每一个检测区段的渗水系数。为了保证数据的精准性与可靠性，应该选取五个检测点的标准差、变异系数以及平均值等，然后结合平均值评测出沥青路面的实际渗水情况。假如路面没有渗水问题，在报告当中应该标注 0。

第六节 结构层厚度检测

一、钻孔取芯法

钻孔取芯法是传统的路面厚度检测工作中使用的检测方法。技术人员在检测过程中会通过钻孔取芯的处理方式来对路面的芯样高度进行测量，以此来获知公路路面的厚度。钻孔取芯法在沥青路面厚度测量工作中进行使用。在测量过程中，首先技术人员要准备合适的测量仪器以及材料。一般来说，钻孔取芯工作中使用的工具包括挖坑用镐、铲子、凿子、锤子以及毛刷等材料。

在取样过程中，技术人员会使用钻头来对路面进行钻探，获取路面的样本。在实际测量过程中技术人员应当在保证测量深度可以反映路面层厚度的同时，避免对路面结构造成损伤。在钻孔取样过程中，技术人员首先需要按照测量规范在路面区域进行随机的钻探选点，保证测量数据具备代表性和真实性。在旧路面的检测中，若是路面选点位置存在坑洞或是裂缝，则选点可以适当移动，确保取样过程正常进行。其次，选点结束之后，技术人员可以对测量区域进行清理，并使用合适的钻孔设备进行钻孔操作。在这个过程中技术人员要避免使用铲子等工具影响沥青层的结构强度。取样之后，技术人员可以将其长度作为检查层厚数据进行记录。测量过程的精确度一般是 0.1cm，在实际测量中要多加注意。

完成钻孔取样操作之后，技术人员需要对钻孔进行修补。在修补中，要对孔中杂物进行清理，并清洁在孔中存在的积水等，避免后续使用中影响路面的质量。针对路面中的无机结合料稳定层以及水泥混凝土路面板，可以使用相同配比的材料来修补路面。为了加快修补速度，可以在材料中添加外渗剂，保证修补过程的效率。完成修补之后，技术人员可以使用压路机进行压实平整操作，保证后续路面可以正常地使用。

二、路面雷达检测法

钻孔取芯法是一种较为传统的测量方法，其进行效率低，难以满足当前的大规模测量需求。同时钻孔取芯过程还会影响路面的质量，不利于公路的正常使用。因此，当前的发展中，技术人员开始使用路面雷达来完成对公路路面厚度的检测。路面雷达可以确定路面之下的不同介质分布，借助电磁波在不同结构层的传播和反射情况来确认路面的厚度以及结构分布情况，有效地提升了路面厚度测量工作的质量和效率。

在路面厚度的检测工作中，技术人员会使用雷达检测车辆来完成路面探测，车辆上安装有路面探测雷达以及接收机，可以在移动过程中对电磁波数据进行记录。

在检测区域之中，雷达车辆会按照设定的速度进行移动，这个过程中车辆会不间断地进行雷达电磁脉冲的发射，通过反射等过程，离开路面的电磁脉冲会被接收机接收，进而通过时间差来计算出电磁波的传播速度。一般来说，不同路面介质之中的电介质常会存在差异，通过对这一数据的计算和记录，技术人员可以了解到路面的不同结构及其厚度。借助路面雷达的路面厚度检测工作的原理是根据电磁脉冲在不同路面结构以及介质之中的反射时间以及传播速度等因素来对路面进行计算。因此，在检测工作中，技术人员的首要工作就是对电磁波的传播过程和情况进行记录，确定在不同介质中电磁波的传播时间，进而获知路面的厚度。

　　路面雷达测量过程中，设备的运行以及数据计算均由计算机设备进行控制，因此，在检测效率以及检测质量上均有所提升。当前的地质雷达在路面厚度的检测中，厚度数据的精度可以达到深度的 2% ～ 5%，探测深度达到了 60m，相较于传统的路面厚度测量技术有了极大的进步。同时，路面雷达检测车辆在运行过程中不仅可以对路面厚度进行检测，还能对雷达电磁波数据进行记录分析，得出路面的结构质量情况等信息，有助于路面维护工作的进行。

　　在检测过程中，为了保证厚度数据的正确性，技术人员要结合路面情况对检测参数进行调整。首先，针对雷达的天线频率的调整。当前的研究证明电磁波频率和垂直方向的分辨率呈现为正相关，和探测深度呈现为反相关。在实际测量中，为了保证测量精度以及测量深度满足探测需求，技术人员要按照实际测量规划来设定频率，一般设定为 2.5GHz。其次，在监测点的选择上，技术人员应当保证点的选择具备代表性和随机性，确保测量数据的准确，正确反映整个路段的情况。

第四章 道路工程路基土检测

路基为路面的基础性结构，需承受自身重量及路面荷载。在路面铺设的过程中，路基用土质量直接关系到路面结构质量，所以需加强试验检测。本章分为路用土石材料、土的物理性质检测、土的力学性质检测、土的化学性质检测四部分。

第一节 路用土石材料

一、路用土石材料的划分

（一）路用土石材料的工程分类

世界各国道路用土的分类方法虽然不尽相同，但是分类的依据却大致相近。我国对道路用土石材料的分类方法，借鉴了国际惯用的统一土分类原则，依据土颗粒的粒径组成、土颗粒的矿物成分、土的塑性指标以及有机质含量等，形成路用土石材料分类体系。

路用土分类的总体系如图4-1所示。

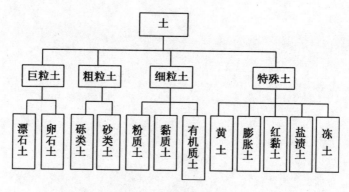

图4-1 土分类总体系

（二）路用土石材料的工程性质

路用的各类土石材料具有不同的工程性质，在修筑道路路基或路面垫层时需要据此进行材料选择，以便采取相应的工程技术处理措施。路用土石材料工程性质情况如表 4-1 所示。

表 4-1　路用土石材料的工程性质

土类	巨粒土	砂土	砂性土	粉性土	黏性土	重黏土
工程性质	塑性小，透水，毛细上升高度小，摩阻力明显	无塑性，干时易松散，透水，毛细上升高度小，有一定的摩阻力	含有一定量的粗、细颗粒，兼有黏性和摩阻力，透水，毛细上升小	含较多粉土粒，干时稍有黏性，易松散扬尘，毛细上升大，遇水呈液态	细颗粒含量多，黏性土，不透水，摩阻力小，干时坚硬，浸水软化	与黏性土相似，塑性更大，矿物成分不同则性质差异
应用效果	强度与稳定性较好	黏性土，易松散，压实困难	稳定性好，雨天不泥泞，晴天不扬尘，性质松散，易压实成型	稳定性极差	在不良气候与水文条件下产生损坏	应用效果较差，施工困难
工程措施	应保证其级配良好	可掺加黏性土以增加稳定性	良好的筑路材料	不良的筑路材料，应换土处理或采取其他措施	应充分压实并使排水良好	应避免使用或予以处理

总之，砂性土是筑路的最好材料，黏性土次之，粉性土是不良筑路材料，易引起各类道路病害，重黏土特别是蒙脱土的矿物成分也为不良筑路材料。此外，一些特殊的土类，如有机质土、黄土、膨胀土、盐渍土等，不宜用来筑路，或使用时必须采取相应技术处理措施。

二、路基土的工程性质

（一）巨粒土

这一土类包括漂石和卵石，它们不仅具有较高的强度，而且还具有一定的稳定性。这类土可以说是填筑路基的良好材料，同时，巨粒土还可用于砌筑边坡。

（二）砾石混合料

这是一种级配良好、具有高密实程度的道路路基土。这类土不管是在强度方面，还是在稳定性方面，都能满足路基土的要求。砾石混合料除了可用于路基的填筑之外，还可用于铺筑中级路面。在对砾石混合料进行适当的处理之后，还可将其用于高级路面的基层、底基层的铺筑。

（三）砂性土

这一类土的特性，不具备塑性，在透水性方面较强，在毛细上升方面，高度较小，在内摩擦系数方面较大，在强度和水稳定性方面均较为良好，这些可以说是砂土在用于路基施工中的优良特性，但是，由于砂土在黏结性方面较小，这意味着砂土较为松散，并且难以实现压实的特性，因此，要想建成一个稳定性较好的砂土路基，就要对砂土进行充分压实，使其压缩变小。关于压实砂土的方法，可采用振动法压实，在实施过程中通过添加少量黏土，还可使砂土的级配组成得到改善，从而使得砂土的压实得到加强，使砂土路基的稳定性得到增强。

（四）粉性土

这类土在粉土颗粒方面上的含有量较高，在干燥状态下，尽管它具有一定的黏性，但还依然较容易破碎，在对其进行浸水时，较易转变为流动状态。粉性土并不适合将其作为公路用土，这是因为粉性土在毛细作用方面，较为强烈，主要表现为毛细上升高度，最高可达 1.5m，因此，在季节性冰冻地区，由粉性土填筑而成的路基，容易发生全冻胀、翻浆等病害。

（五）黏性土

这类土中的中细颗粒含量非常多，土的内摩擦系数较小，因此具有较大的黏聚力，在透水性方面较小，并且在吸水性能方面较强，有着较为明显的毛细现象，同时，还具有较为强大的可塑性。黏性土在干燥状态下，表现得较为坚硬，因此，在施工过程中黏性土很少发生破碎现象，在对黏性土进行浸湿处理之后，在较长的时间之内，不易发生挥发，能长时间保持水分，这意味着黏性土在承载力方面是较小的。利用黏性土填筑的路基，在保证适当含水率的前提下，对其进行充分压实处理，以及设置良好的排水设施，通过这些措施可以使获得的路基更加具备稳定性。

（六）重黏土

这类土与黏性土的工程性质是相似的，区别之处在于黏土矿物成分不同，将会对其性质产生很大的影响。关于黏土矿，其中具有代表性的土有：高岭土、蒙脱土等。其中，蒙脱土的主要分布区域是东北地区，这类土有较大的塑性，因其吸水性较好，在吸水后，将会发生较为强烈的膨胀，在处于干燥状态下时，蒙脱土收缩大，在透水性方面较差，在压缩性方面较大，并且在抗剪性方面较低。

总而言之，就路基用土而言，最佳选择是砂性土，其次是黏性土，而最为容易造成路基病害的土，就是粉性土，同以蒙脱土为代表的重黏土相同，都是一种不良路基土材料。除以上所述路基土之外，还包括一些特殊土类，例如，黄土、腐殖土等，在将它们应用到填筑路基中时，针对不同的特殊土类，必须要采用不同的技术措施。

三、路基土石方施工技术应用

公路路基土石方施工与公路工程整体质量之间存在着密不可分的联系，施工企业在公路工程施工过程中，必须严格按照工程施工现场的实际情况，制订科学合理的土石方施工方案，努力提高各个环节的施工管理水平，才能在确保土石方施工效率与质量满足工程设计标准的前提下，最大限度地发挥公路工程的整体效益。

（一）清理挖除技术

在公路工程建设施工开始前，施工企业必须做好施工现场周边环境的清理工作，清除影响工程施工建设顺利进行的障碍物，对于之后的工程建设能够提供便利条件。施工人员在进行现场清理过程中，需要对施工周围环境加以详细了解，对施工区域予以明确，然后依据工程顺序进行现场清理，做好相应的基坑开挖施工等工作，避免因为基坑开挖过深或过浅，影响公路工程建设的施工质量和效率。

（二）土石方开挖技术

施工现场清理工作结束后，施工人员即可按照施工设计方案和要求开展路基土石方的开挖施工作业。施工开始前，施工人员不但要做好相关的测量工作，而且应与设计单位相互交流和沟通，核对施工图纸，并在确定施工图纸与施工现场情况保持一致后，开展路基土石方的开挖施工。施工图纸、标定等相关工作完成之后，依据现场情况进行路基土石方工程的开挖，如果现场地质条件较好，施工人员就可以按照图纸进行下一步施工，开挖过程中控制基坑精度，避免出现超挖问题，以免影响土石方路基整体施工质量。如果遇到地质条件较差的情况，可以结合定点爆破等方式进行地基的处理，保证路基土石方开挖能够按目标进行。

此外，土石方路基开挖完成之后，施工人员一定要做好相应的记录工作，按照要求及时做好现场平整碾压等工作，保证施工现场地面承载能力满足施工机械设备使用要求。

（三）土石方填方技术

路基土石方填方与其他公路工程施工技术相比，该技术在实际应用的过程中对施工材料和施工技术的使用等各方面都提出了非常严格的要求。施工人员在开展路基土石方填方施工时，必须针对土石方填方施工环境的实际情况选择符合要求的施工材料，在土石方填方施工过程中，做好施工材料质量的检测工作，才能确保土石方填方施工的质量达到工程设计标准。这就要求施工企业必须在路基土石方施工过程中，不但要将工程施工的各个环节紧密地衔接在一起，而且应加大路基土石方施工质量的检测工作，才能避免因为土石方填方施工出现质量缺陷，影响公路工程整体施工质量。

（四）土石方软地基处理

公路工程路段不同，施工环境也千差万别，因此，所采用的施工技术也多种多样。公路工程施工环境一般是平地，但是经常会遇到盆地、山地、洼地等一些特殊的施工路段，遇到此种特殊施工路段时，应结合现场实际，应用软地基等方法予以处理。首先，选择符合软土地基工程特质的工程材料；其次，按照现场的淤泥以及洼地水源，进行清理，然后根据混合浆料灌入软土地基中的顺序施工，保证软土地基的稳定性。

（五）土石方压实技术

压实是路基土石方施工的重要环节之一，施工人员必须在路基土石方施工过程中，根据工程施工图纸的要求，开展放样工作，然后根据放样位置与测量结果确定路基土石方工程的定线和断面，并在确定桩柱与路基坡道位置的准确无误后，进行施工，才能保证工程施工的效果达到设计标准和规范。

此外，为了确保路基土石方的压实效果，施工人员必须在压实作业开始前，了解施工现场的环境和气候情况，避免在阴雨天气开展路基土石方的压实作业，才能在保证路基稳定性的基础上，降低路基沉降问题发生的概率。

第二节　土的物理性质检测

一、含水率检测

土的含水率是土中水的质量与土颗粒质量的比值，用式（4.1）计算。检测含水率的方法有烘干法和酒精燃烧法两种，其中烘干法是测定含水率的标准方法。

$$w = \frac{m - m_s}{m_s} \times 100 \qquad (4.1)$$

式中：w——含水率，%；

m——湿土的质量，g；

m_s——干土的质量，g。

（一）烘干法

1. 检测的仪器设备

烘箱、天平、干燥器、称量盒、铝制饭盒、瓷盘等。

2. 检测的步骤

①取具有代表性的试样，放入称量盒内，立即盖好盒盖，用天平称量湿土与盒质量。

②揭开盒盖，将试样与盒一起放入烘箱内恒温下烘干。

③将烘干后试样与盒取出放入干燥器内冷却，之后盖好盒盖，称量烘干土与盒质量。

（二）酒精燃烧法

1. 检测的仪器设备

天平、无水酒精、称量盒、滴管、火柴、调土刀等。

2. 检测的步骤

①取代表性试样称量湿土与盒的质量。

②用滴管将酒精注入放有试样的称量盒中，直至盒中出现自由液面为止。为使酒精在试样中充分混合均匀，可将盒底在桌面上轻轻敲击。

③点燃盒中酒精,燃至火焰熄灭。

④将试样冷却数分钟,按②、③步骤重新燃烧2次。

⑤待第3次火焰熄灭后,盖好盒盖,立即称量干土与盒的质量。

二、密度检测

土的密度是单位体积土的质量,用式(4.2)计算。测定土样的含水率之后可按照式(4.3)计算土样的干密度。测定密度常用的方法有环刀法、蜡封法、灌砂法、灌水法等。环刀法操作简便且准确,在室内和野外都可普遍采用。不能用环刀切削坚硬、易碎、含有粗粒、形状不规则的土,可用蜡封法。灌砂法和灌水法一般在现场应用。在密度测试中,m较易获得,而V值的检测操作受人为因素影响较大。

$$\rho = \frac{m}{V} \qquad (4.2)$$

$$\rho_d = \frac{\rho}{1 + 0.01w} \qquad (4.3)$$

式中:ρ——土的密度,g/cm³;

V——土的体积,g;

ρ_d——干密度,g/cm³。

(一)环刀法

1. 检测的仪器及设备

环刀、天平、修土刀、钢丝锯、凡士林等。

2. 检测的步骤

①按工程需要取原状土或制备所需状态的扰动土样,整平两端,环刀内壁涂一薄层凡士林,刀口向下放在土样上。[①]

②用修土刀或钢丝锯将土样上部削成略大于环刀直径的土桩,然后将环刀垂直下压,边压边削至土样伸出环刀上部为止。

③用修土刀或钢丝锯削去环刀两端余土,直尺检查使之与环刀口面齐平。

④擦净环刀外壁,称"环刀+土"质量。测定剩余土样的含水率。

---

① 张宇峰,朱晓文.路基路面试验检测手册[M].北京:人民交通出版社,2009.

（二）蜡封法

蜡封法是将已知质量的土块浸入融化的石蜡中，使试样有一层蜡的外壳，保持其完整外形，通过分别称得带有蜡壳的土样在空气中和水中的重量，根据阿基米德原理，计算出试样体积，便可以求得土的密度。适用于易破裂土和形态不规则的坚硬土。

1. 检测的仪器设备

天平、烧杯、细线、石蜡、针、削土刀等。

2. 检测的步骤

①用削土刀切取试件，削除试件表面的松土、浮土以及尖锐棱角，在天平上称量。取代表性土样进行含水率测定。[①]

②将石蜡加热至刚过熔点，用细线系住试件浸入石蜡中，使试件表面覆盖一薄层严密的石蜡。若试件蜡膜上有气泡，需用热针刺破气泡，再用石蜡填充针孔，涂平孔口。

③待冷却后，将蜡封试件在天平上称量。

④用细线将蜡封试件置于天平一端，使其浸浮在盛有蒸馏水的烧杯中，注意试件不要接触烧杯壁，称蜡封试件的水下质量，并测量蒸馏水的温度。

第三节　土的力学性质检测

一、击实试验方法

（一）仪器设备

①天平：感量 0.01g。

②台秤：称量 10kg，感量 5g。

③圆孔筛：孔径为 5mm、20mm 和 40mm 各 1 个。

④拌和工具：深 70mm 的金属盘，土铲。

⑤烘箱、干燥器、喷水设备、碾土器、盛土盘、量筒、推土器、铝盒、修土刀、平直尺等。

---

① 乔志琴. 公路工程试验检测 [M]. 北京：人民交通出版社，2007.

道路工程检测与质量评定研究

（二）试验方法的类型

击实试验分轻型和重型两类，其击实试验方法类型如表 4-2 所示。

表 4-2　击实试验方法类型

试验方法	类别	锤底直径（cm）	锤质量（kg）	落高（cm）	试筒尺寸		试样尺寸		层数	每层击数	击实功（kL/m³）	最大粒径（mm）
					内径（cm）	高（cm）	高度（cm）	体积（cm³）				
轻型	Ⅰ-1	S	2.5	30	10	12.7	12.7	997	3	27	598.2	20
	Ⅰ-2	S	2.5	30	15.2	17	12	2177	3	59	598.2	40
重型	Ⅱ-1	S	4.5	45	10	12.7	12.7	997	5	27	2687.0	20
	Ⅱ-2	S	4.5	45	15.2	17	12	2177	3	98	2677.2	40

（三）试验方法

1. 试样制备

（1）干法制样

干土法（土不重复使用）：按四分法至少准备 5 个试样，分别加入不同水分（按 2%～3% 含水率递增），拌匀后闷料一夜备用。

（2）湿法制样

湿土法（土不重复使用）：对高含水率的土，可省略过筛步骤，用手拣出大于 40mm 的粗石子即可。保持天然含水率的第一个土样，可立即用于击实试验。其余几个试样，将土分成小土块，分别风干，使含水率按 2%～3% 递减。[①]

2. 试验步骤

①将涂有凡士林的击实筒放在坚硬地面上，并在筒底放置蜡纸或塑料薄膜。将土样分 3～5 次倒入筒内。整平表面并按规定次数击实，第一层击实完后，将表面拉毛，然后再装入套筒，重复击实其余各层。击实后，试样不应高出筒顶面 5～6mm。

②将试样与套筒分离，拆除底板，擦净筒外壁，称量。在试样中心处取样测其含水率。无论干土法还是湿土法，每洒水拌和一次，含水率增加 2%～3%，其中有两个大于和两个小于最佳含水率。需加水量 m_w 可按式（4.4）计算：

---

① 胡幼常.道路试验与检测[M].武汉：武汉理工大学出版社，2015.

$$m_w = \frac{m_i}{1+0.01\omega_i} \times 0.01(\omega - \omega_i) \qquad (4.4)$$

式中：m_w——需加水量，g；

m_i——含水率为 ω_i 时土样的质量，g；

ω_i——土样原有含水率，%；

ω——要求达到的含水率，%。

3. 结果整理

按式（4.5）计算击实后各点的干密度 ρ_d。

$$\rho_d = \frac{\rho}{1+0.01\omega} \qquad (4.5)$$

式中：ρ_d——土的干密度，g/cm^3；

ρ——击实后土的湿密度，g/cm^3；

ω——击实后土的含水率，%。

二、直接剪切试验

（一）概述

土的抗剪强度是土体在剪切面上所能承受的极限剪应力，是土的重要力学指标之一。它是估算地基承载力、评价地基稳定性、计算边坡稳定性以及支挡结构物的土压力的重要参数。

直接剪切试验所使用的主要仪器是直剪仪，分为应变控制式和应力控制式两种。由于应变控制式直剪仪能准确测定剪应力和剪切位移上的峰值和最大值，而且操作方便，因此应用较多。

（二）试验方法

1. 慢剪试验

慢剪试验适用于测定黏质土的抗剪强度指标。将土样按照垂直压力的分级确定切敏试样的个数，一般不少于 4 个。在试样上以 0.02mm/min 的剪切速率施加垂直压力和水平剪切力，使试样充分排水固结。测得的垂直变形不得大于 0.005mm/min。

（1）仪器设备

①应变控制式直剪仪：由剪切盒、垂直加荷设备、剪切传动装置、测力计和位移量测系统组成。

②环刀：内径 61.8mm，高 20mm。

③位移量测设备：百分表或传感器。百分表量程为 10mm，分度值为0.01mm；传感器的精度应为零级。

（2）试验步骤

①在剪切盒的下盒内放透水石和滤纸，将放有滤纸和透水石的试样推入剪切盒内，插入固定销。

②移动传动装置，使上盒前端钢珠刚好与测力计接触，然后依次加上传压板加压框架，安装垂直位移量测装置记录初始读数。

③施加各级垂直压力，然后向盒内注水。若试样为非饱和试样，应在加压板周围包以湿棉花。每 1h 记录垂直变形一次，固结时的垂直变形不大于0.005mm/h。

④拔去固定销，以小于 0.02mm/min 的速率剪切，并每隔一定时间记录百分表的读数，直至剪损。剪损时间按式（4.6）进行估算。

$$t_f = 50t_{50} \tag{4.6}$$

式中：t_f——达到剪损所需要的时间，min；

t_{50}——固结度达到 50% 所需要的时间，min。

⑤当百分表的读数不变或后退时，继续剪切到剪切位移为 4mm 时为止，记录破坏值。当剪切过程中，百分表无峰值时，剪切至剪切位移为 6mm 时为止。

⑥剪切结束后，吸去盒内积水，撤掉剪切力和垂直压力，取出试样，测定其含水率。

2. 固结快剪试验

固结快剪试验适用于渗透系数小于 10^{-6}cm/s 的土，也可用于土体有一定湿度、施工中逐步压实固结的公路高填方边坡。在试样上以 0.8mm/min 的剪切速率施加垂直压力，待排水稳定后施加水平剪切力进行剪切。在剪切过程中，为了避免在剪切过程中试样有排水现象，应在 3 ～ 5min 内剪损。[①]

3. 快剪试验

快剪试验适用于渗透系数小于 10^{-6}cm/s 的土，也可用于施工中边坡不发生

① 张雁，于晓坤.道路工程检测技术 [M].北京：中国林业出版社，2013.

排水固结的比较干燥的公路挖方边坡。在试样上施加垂直压力后，立即施加水平剪切力进行剪切，在此过程中试样不会发生固结和排水现象。在剪切过程中，为了避免在剪切过程中试样有排水现象，应在 3 ～ 5min 内剪损。

上述这 3 种试验方法都是针对黏质土的。对于砂类土，可以以较快的剪切速率进行快剪试验测定其抗剪强度。对于超固结黏性土与软弱岩石夹层的黏性土，用反复直接剪切试验测定其抗剪强度。

第四节　土的化学性质检测

一、酸碱度检测

酸碱度检测有助于研究土质的改良，掌握 pH 值是否对道路构造物带来危害，以及进行粒度成分分析时采用分散剂的种类等。测定 pH 值的方法分电测法和比色法两种，目前广泛采用电测法。

（一）检测的仪器设备

酸度计、电动振荡器、天平。

（二）检测的试剂

① pH=4.01 的标准缓冲溶液：称 10.21g 经 105 ～ 110℃烘干的苯二甲酸氢钾溶于纯水后定容至 1 L。

② pH=6.87 的标准缓冲溶液：称 3.53g 经 105 ～ 110℃烘干的磷酸氢二钠和 3.39g 磷酸二氢钾溶于水中，定容至 1L。

③ pH=9.18 的标准缓冲溶液：3.8g 硼砂溶于无二氧化碳的冷水中，定容至 1L。此溶液的 pH 值易于变化，所以应储存于密闭的塑料瓶中（宜保存使用 2 个月）。

④饱和氯化钾溶液：向少量纯水中加入氯化钾，边加边搅拌，直至不继续溶解为止。

（三）检测的步骤

①酸度计的校正：在测定土样前应按照所用仪器的使用说明书校正酸度计。

②土悬液的制备：称取风干土样，放入具塞的广口瓶中，加水在振荡器上振荡静置。

③土悬液 pH 值的测定：将土悬液盛于一烧杯中，将该烧杯移至电磁搅拌器上。再向该烧杯中加一只搅拌子。然后将已校正完毕的玻璃电极、甘汞电极（或复合电极）插入杯中，开动电磁搅拌器搅拌，从酸度计的表盘（或数字显示器）上直接测定出 pH 值。测记土悬液温度，进行温度补偿操作。

④测定完毕，应关闭酸度计和电磁搅拌器的电源，用水冲洗电极，并用滤纸吸干电极上黏附的水。若一批试验测完后，第二天仍继续测定的话，可将玻璃电极部分浸泡在纯水中。

二、有机质含量检测

有机质含量检测的目的在于了解有机质的含量，适用于有机质含量不超过 15% 的土。测定方法采用重铬酸钾容量法——油浴加热法。

（一）检测的仪器设备

分析天平、电炉、油浴锅、温度计。

（二）检测的试剂

① 0.075mol/L 的 1/6 $K_2Cr_2O_2$-H_2SO_4 溶液：用分析天平称取经 105～110℃ 烘干并研细的重铬酸钾 44.1231g，溶于 800mL 蒸馏水中（必要时可加热），缓缓加入浓硫酸 1000mL，边加入边搅拌，冷却至室温后用水定容至 2L。

② 0.2mol/L 硫酸亚铁（或硫酸亚铁铵）溶液：称取硫酸亚铁 56g 或硫酸亚铁铵 80g，溶于蒸馏水中，加 15mL 浓硫酸（密度为 1.84g/mL）。然后加蒸馏水稀释至 1 L，密封贮存于棕色瓶中。

③邻菲罗啉指示剂：称取邻菲罗啉 1.485g，硫酸亚铁 0.695g，溶于 100mL 蒸馏水中，此时试剂与 F_e^{2+} 形成红棕色络合物，储存于棕色滴瓶中。

④石蜡（固体）或植物油 2kg。

⑤浓硫酸（密度为 1.84g/mL）。

⑥灼烧过的浮石粉或土样：取浮石粉或矿质土约200g，磨细并通过 0.25mm 筛，分散装入数个瓷蒸发皿中，在 700～800℃高温炉内灼烧 1～2h，把有机质完全烧尽后备用。

（三）检测的步骤

①用分析天平准确称取风干土样，放入一干燥的硬质试管中，用滴定管准确加入 0.075mol/L 的 1/6 $K_2Cr_2O_2$-H_2SO_4 标准溶液，摇动试管使土样分散，并在试管口插入一小玻璃漏斗，冷凝蒸出的水汽。

②将已装入土样和标准溶液的试管插入铁丝笼中（每笼中均有 1 ～ 2 个空白试管），然后将铁丝笼放入石蜡油浴锅中，试管内的液面应低于油面。要求放入后油浴锅内油温下降至 170 ～ 180℃，以后应注意控制电炉，使油温维持在 170 ～ 180℃，待试管内试液沸腾时开始计时，煮沸，取出试管稍冷，并擦净试管外部油液。

③将试管内试样倾入锥形瓶中，用水洗净试管内部及小玻璃漏斗，然后加入邻菲罗啉指示剂，摇匀，用硫酸亚铁（或硫酸亚铁铵）标准溶液滴定，溶液由橙黄色经蓝绿色突变为橙红色时即为终点，记下硫酸亚铁（或硫酸亚铁铵）标准溶液的用量。

④空白标定：用灼烧土代替土样，其他操作均与土样试验相同，记录硫酸亚铁用量。

第五章　水泥混凝土路面检测

国家经济建设的高速发展，带动着各行业齐头并进，交通建设更是迎来了发展的高峰期，各地城镇乡村建设发展迅猛，城乡道路建设也不甘落后。而对于道路建设中的水泥混凝土检测技术的重要性也日益凸显，为保证水泥混凝土路面正常运行，安全投入使用，对于建成前的路面检测必不可少。本章分为水泥的基本性质与技术要求、水泥混凝土配合比设计、水泥混凝土的性能检测三部分。

第一节　水泥的基本性质与技术要求

水泥是非常重要的建筑材料之一，其质量与建筑的质量安全息息相关。水泥作为一种人造水硬性胶凝材料，在与水发生物化反应后，可从塑性浆体逐渐转化为坚硬的石状体。整个过程既可以在空气中进行，也可以在水中进行。工业技术的发展为提高水泥生产质量奠定了基础，我国也颁布了《水泥胶砂强度检验方法》（ISO 法）以及《水泥产品质量标准》等国家及行业标准，使我国水泥生产质量达到了国际标准。但在水泥生产行业快速发展的同时，也应看到在水泥生产过程中仍然存在一些问题，需采取技术改造等措施不断提高水泥生产质量。

一、水泥的基本性质

（一）物理性质

1. 细度

细度是水泥颗粒的粗细程度，它反映了水泥的分散程度，同时对水泥的水化速度、需水量、和易性、放热速率及强度的形成均有影响。[①]

---

① 　陈玉萍. 建筑材料 [M]. 武汉：华中科技大学出版社，2010.

2. 密度

水泥的密度指单位体积水泥的质量，其大小取决于水泥熟料的矿物组成。

3. 凝结时间

水泥的凝结时间分为初凝时间和终凝时间。初凝时间是指从水泥加入水中到水泥开始失去塑性所需的时间；终凝时间是指从水泥加入水中到水泥完全失去塑性所需的时间。水泥的初凝时间和终凝时间对工程的施工有着重要的影响，因此水泥的凝结时间不宜过短也不宜过长。

4. 标准稠度

水泥标准稠度是指水泥净浆对标准试杆沉入时所产生的阻力达到规定状态所具有的水和水泥用量百分率。

（二）化学性质

1. 有害成分

水泥中游离的氧化镁、氧化钙或三氧化硫为有害成分，含量过多将会导致水泥的体检定性不良。

2. 不溶物

水泥中的不溶物来自水泥原料中的黏土和氧化硅，由于煅烧不良、化学反应不充分而未能使这些矿物形成熟料，这些物质的存在影响水泥的有效成分含量。

3. 烧失量

水泥煅烧不佳或受潮都会使水泥在规定的温度加热时增加质量的损失。

二、水泥生产工艺现状

随着国家的发展，人们对于建筑的需求量日益激增，而水泥作为建筑材料的重要组成部分，也得到了相当高的重视。以我国为例，早在 1980 年我国对水泥的需求量就位于世界第一位，这个数据一直保持至今，足见人们对于水泥材料的用量之高。由于需求量较高，我国的水泥生产量也处于相当高的水平，10 年前我国的水泥生产量就已经达到了全球水泥生产总量的一半，水泥行业对人们日常生活的影响已日益扩大。

然而，水泥产业的生产过程中往往伴随着一些严重的问题，最为突出的是环保节能问题。水泥生产工艺对能源的需求量较高，也需要巨大的电力、人力、财力作为支撑，同时水泥生产过程中会产生大量的废气和有害垃圾，这些都会导致恶劣的环境问题，对人们的健康和生态环境造成巨大的破坏，同时也造成了资源浪费，这种以牺牲自然为代价换取短暂的水泥产量显然是不科学也是不长久的。除去传统水泥制造业容易加剧环境污染问题，目前我国各个水泥加工厂的加工技术也良莠不齐，尤其是生产效率较低的水泥工厂，会造成更高的资源浪费以及更低的能源利用率。如果将水泥工业手法加以改进，使其排放量和资源利用率达到国际综合水平，那么我国每年将节约上千万吨的煤炭资源。

由此可见，提升水泥工厂的生产效率势在必行，目前，我国的水泥产业发展趋势正朝着高效率化的方向，尤其是在对于煤炭和电能资源的利用上，更注重了生产的效能，以此达到目标的节能效果。

三、当前的水泥生产工艺技术

面对日益增长的环境保护和能源节约要求和趋势，传统的水泥生产工艺技术已经遇到了较大的挑战，资源的高效利用、能源的节约以及污染的最低排放都是水泥生产厂必须考虑的问题，目前许多水泥工厂都在积极改变生产模式，不论是整体运营角度的调整，还是生产机器和技术的革新，并通过不断的生产实践来达到最佳效果。

（一）水泥与其他材料的混制

生产水泥绝不是简单的一门原料的加工制作，而是要混合多种原料共同研制，这需要水泥加工厂用机器将各种不同材质密度的原材料一起打磨压制，最后碾碎成为粉末。这种生产手法较为快捷且易于生产，但往往会发生材料的研磨不均现象。

（二）将原材料进行二次研磨

这是在步骤一后面进行的第二道工序，主要原理是将第一遍研磨中没有均匀研磨成粉末状的原材料二次加工。在加工前机器首先会对第一次研制后的粉末进行筛选，将研磨合格的粉末通过，而不合格的粉末会被调入第二环节进行二次加工。这种工艺手法的优点是使得原料更为精细，整个水泥最终成品也更为精良。但缺点是所需时间和精力较多。

（三）立窑技术

对于水泥生产过程而言，立窑技术也是必须掌控的一大生产手段。目前，我国水泥制造业的立窑技术还有待改进，主要体现在立窑中对于数据的把握必须十分准确，尤其是一些指标，一些小小的差错都可能导致最后成品瑕疵，这就需要水泥生产公司在生产中重点注意产房的配置。

四、水泥生产工艺的节能技术要求

（一）粉末研制技术中的节能技术

在水泥加工研制的过程中，粉末研制是很重要的环节，该技术的能源利用效率，机器运转周期和耐用时间很大程度上影响着整个水泥制作工业的完成情况，因此想要对水泥生产技术进行节能处理，第一步就是要处理粉末加工环节，使其更为高效节能化。例如，在进行各种元素加工研制时，可以将一些较易研制的材料加工整合共同研磨，然后将不易研磨的材料再次加工。此外要保持机器的清洁，这一方面能提高粉末研制加工的质量，另一方面也有助于保持机器的耐用性，使其能在长期高效运转的条件下加工，从能源配置和不可变资本上减少损耗，达到节能。针对上文对原材料进行二次加工的环节，水泥加工厂可通过对需要较长时间研磨的材料进行分类，同时升级整个加工系统，使其能更为快捷地进行二次加工减少消耗。

（二）水资源系统的节能改造

在水泥加工过程中，水资源发挥重要的作用，尤其是在磨内喷水这一环节，目的是在水泥加工过程中控制整个操作系统的温度，使其不高于110℃的固定温度，在最适宜的条件下完成水泥的加工过程。磨内喷水过程主要是通过物理压力的调节，控制水的排出，在温度高于一定条件时就像将水资源固定于某一前端设备保持待命状态，当高于极限温度时便立即开始执行冷却程序。传统的磨内喷水系统采用的是在整个机器的前后部位都放置喷水系统，且喷水方式是直接将水资源喷出，将水尽可能地与设备接触，但此过程中会形成巨大的浪费。针对于此磨内喷水系统可以改进，例如将水的直线喷出调整为压力喷出，使其在工作过程中呈现雾面的效果，这种方式既可以加大水资源与机器的接触面，达到更好的降温效果，又可以减少水资源的浪费，尽可能地扩大水资源的利用率，达到节能减排的效果。

（三）利用加工余热的能量

对于水泥加工工厂而言，所耗费的不仅是原材料，而且还有电力资源，因此减少水泥加工中电力的损耗也能提升节能效果。目前来看，一所中大型的水泥加工生产厂每年的耗电量都达到了每小时7000万kw，这种极高的电力需求量如果得到了有效的节能，那么每年电量的节省将达到十分可观的数据。那么可以通过水泥加工生产过程的余热来进行升温或保温，不再消耗额外的电功率，使其达到水泥生产的效果，又可以节约资源，减少人力财力物力的支出，达到一举多得的效果。具体操作过程可以概述为利用水泥生产加工过程中产生的废气，将废弃吸收到专用的设备之中，废气本身的温度较高，经过一定的加工处理可以将热量进行回收再利用。将水泥生产的废气集中于专业的废气收集装置中，再将其加工处理使其流向供暖设施，经过科学推断，一个中小型水泥加工厂产生的年废气量甚至可以供暖一到两万平方米范围的地区。这种高效能的热量供给回转利用可以大大地减少电量的损耗，提高资源的利用效率，减少资金的投入和支出。

第二节　水泥混凝土配合比设计

一、水泥混凝土配合比设计

（一）混凝土强度及使用寿命预期

水泥混凝土的强度及使用寿命与设计的目标相差较大，那么就无法将其投入使用。将所需的强度作为基础，提升实际的混凝土强度设计，这样就能预防混凝土在使用期间受到突然的荷载及意外等问题。但是在设计混凝土配合的过程中如果过分重视提升强度，则会使得成本无法控制，进而提升项目的成本，也会造成不必要的浪费。

因此，对于水泥混凝土的预期寿命也要进行相应的设计，通过调整和优化混凝土的配合比来实现，在确保质量的前提下，还能有效控制成本，提高混凝土结构的质量及性能。

配合比计算方式：以 C50 混凝土为例，在实际施工过程中配制强度不应低于 60MPa，计算公式如下：

$$Fcu, o = fcu, k + 1.645\sigma$$

式中：fcu——混凝土制备需求强度；

Fcu, k——实际项目中对混凝土强度的设计需求；

σ——施工过程中混凝土结构的强度标准差，通常取值为 6MPa。

（二）水灰比

水灰比是水的用量和水泥的用量比。该比值的大小与混凝土强度及耐久性能有直接的关系。在相同的水泥型号背景下，混凝土强度与水灰比之间存在反比例关系。由于水泥水化过程对于水的用量大约占水泥用量的 10%～15%，为了使得混凝土的工作性能较强，在配置的过程中需要提升水量，这样混凝土在硬化后，其中多出来的水分就会逐渐蒸发，在混凝土结构表面留下气泡空隙，对于混凝土的密实度性能来说非常不利，甚至还会影响整体结构的强度和稳定性。

由此可确定水灰比的原则就是在确保混凝土的强度及耐久性的前提下，适当提升水灰比，节约水泥用量和成本，进一步加大混凝土的工作性能。但是水灰比要控制在一定的范围内，不可以过度增大，否则会影响混凝土拌和物之间的凝聚性和保水性，降低混凝土强度。针对上述原则，对于水灰比的确定方式如下。

①设计与实际需求相符的水灰比。混凝土强度要以实际工程需求为主要参考，因此混凝土结构的强度数值能够根据强度等级按照公式计算出具体的水灰比。

②符合耐久性需求的水灰比。衡量混凝土耐久性主要指标为：抗渗透性、抗冻性、抗腐蚀性。为了满足以上指标的需求，在混凝土所处环境中尽量提升水灰比。

配合比计算方式：根据普通水泥混凝土的标准配合规定进行设计，如基准值为 0.36，通常为保证混凝土的强度，降低水灰比，或者以原有的基准比值提升或者降低 0.02～0.05，用水量也以同样的方式进行调整。

（三）砂率

砂石也是混凝土中的重要影响参数，对于混凝土结构的整体质量有着较大影响关系，在设计混凝土的配合比时，也要重视砂率。一旦砂率过高，混凝土中砂的含量增多，就会增加孔隙，增大胶凝界面，影响混凝土的实际强度，混凝土的弹性模量也会相应减小，为了提升强度，就需要增加水泥用量，这样就会造成资源浪费，使得成本进一步增加，同时还会影响混凝土材料的黏合度，容易导致混凝土开裂，也会降低混凝土的耐久性。如果混凝土中含砂量较小，虽然可以通过消除孔隙的方式实现减少水泥用量的目的。但是会影响混凝土的工作性能，降低混凝土的和易性及保水性，所以在进行水泥混凝土配合比设计的过程中，不仅要重视砂石材料的原材料质量，更要重视砂率影响因素。如果孔隙数量没有达到要求，就会影响混凝土浆体的流动性、和易性，使得混凝土在短时间内凝结定型，影响最终的使用，也会为后续的结构作业埋下安全隐患。

配合比计算方式：

①砂率的控制是需要对混合材料中粗骨料空隙率、砂子粒径、级配等进行调整实现的，参考历史资料以保证满足拌合物性能和施工要求。如砂子细度模数超过 2.6，根据 C50 混凝土配合经验来说，可以将其调整到 0.38%，或者以基准为基础增加或减少 1% 进行调整。

②坍落度小于 10mm 或坍落度大于 60mm 的混凝土，其砂率可经试验确定。

③坍落度为 10 ～ 60mm 可根据粗骨料品种、最大公称粒径及水胶比确定。

二、优化材料的选择和使用

对于材料的合理使用也能实现优化水泥混凝土的配合比，由于材料自身具备各自的特性，并且不同产品的规格和特点也有所不同。在对混凝土的配合比进行设计时，对于材料就要充分分析其特性，要采用经济高效的原材料，配置经济性较强、状态最佳的水泥混凝土。

（一）水泥材料的选择

我国水泥种类有很多，在建筑项目中常用的就是普通的硅酸盐水泥、矿渣硅酸盐水泥、复合硅酸盐水泥等。对水泥混凝土进行配比设计时，要根据混凝土的实际性能以及项目的需要合理选择水泥的种类和型号，此外还要根据外加剂及掺和料的性质和用量，对水泥用量适当减少，以节约成本，避免资源浪费，甚至影响最终的混凝土性能。水泥在选择的过程中应该根据稳定性及适应性良好的原则，特别是对外加剂的适应性要格外重视。稳定和适应性较好的水泥能够提升混凝土的整体质量及使用性能。此外，采用硅酸盐以外的水泥种类时，还需要对水泥混合料中的性能、掺量及物质进行明确，这样在掺合料的过程中能够做到心中有数。

（二）外加剂的选择

在混凝土制备过程中，外加剂的使用非常普遍，并且其作用也比较明显。外加剂中的减水剂能够对混凝土的性能造成较大的影响，这也是混凝土配制过程中决定混凝土质量及性能的重要指标。对于外加剂的用量，特别是减水剂，首先应该对外加剂的用量与性能之间的关系进行明确。外加剂中减水剂需要达到一定的量才能发挥其作用，实现控水效果，并且在混凝土中水灰比是固定的情况下，还能有效减少水泥及掺合料的使用量，实现降低水分及胶凝材料，提升混凝土的经济效益。

（三）骨料的合理选用

优质的骨料能够在很大程度提升混凝土的性能，并且还能优化配合比，使得建筑项目更加经济实用。不同的水泥型号及混凝土对骨料的要求也不同，在标准规范中，对砂子的级配、细度模数、含泥量、泥块含量等有非常明确的要求，通常在配置强度较低的混凝土时，可以利用偏细的砂子调节混凝土的整体和易性；配置强度较高的混凝土适宜选择粗砂。过于细腻的砂子对于混凝土的收缩过程非常不利，也特别容易造成混凝土开裂的问题，进而提升生产水泥混凝土的成本。石子的级配关系混凝土的流动性，直接影响现场工作性能。用粒径偏小的石子配置的混凝土比粒径大的石子配置出的混凝土强度高。这源于高强度混凝土强度对材料界面更为敏感。小石子界面和水泥浆体的过渡层周长和厚度较小，不利于产生大的缺陷，反而有利于界面强度的提高。另外，对于石子选择，碎石优于卵石，碎石中风化石较少，且碎石棱角分明，表面粗糙，与胶凝材料胶结力更强。合理的地材选择对配合比优化有重大影响。

三、优化水泥混凝土配合比的措施

（一）采用活性矿物掺合料

在优化混凝土配合比的过程中，采用活性矿物质掺合料是非常关键的。活性矿物掺合料能够优化骨料和水泥石的界面，如硅灰、钢渣粉等，都能提升混凝土的性能，实现优化配合比的目的。

以硅灰为例，硅灰中的二氧化硅成分能够促进混凝土的二次反应，也就是在界面上二氧化硅与氢氧化钙发生火山灰反应，形成凝胶水化硅酸钙，这些物质沉淀与混凝土的界面孔隙中，提升混凝土的性能，而孔隙被这些物质填充，混凝土提升毛细孔结构优化也有一定帮助。适当的活性矿物掺合料还能减少混凝土配合比中的水量，减轻混凝土混合发生的水化热，裂缝问题能够得到控制和预防。

（二）利用减水剂优化配合比

提升混凝土的强度与胶凝材料的用量有很大关系，通常在不使用外加剂为保证混凝土强度的水胶比不变的情况下，会使得胶凝材料的用量大大提升，为了能够有效降低胶凝材料的使用量，还需要通过降低配合比中的水胶比实现，从而要求降低单方的用水量，这里就需要使用减水剂。合理采用高效的减水剂能够有效缓解在水胶比较低的情况下混凝土的流动性，如果采用聚羧酸材质具有保护作用的减水剂，还能有效避免混凝土发生坍落度损失，提升混凝土的工作性能，合理控制缓凝的问题。对水泥混凝土的配合比进行优化，应该适当采用减水剂之类的各类外加剂，进而提升混凝土的各项性能。

（三）合理调节和优化配合比参数

在混凝土配制过程中，对于配合比的设计还需要对各项参数进行控制，如水胶比、浆骨比、砂率、用水量等。水胶比的合理控制是需要根据混凝土的特点和实际项目的需要，也就是降低水胶比，提升混凝土的耐久性和渗透性，通常情况下，要想制备高性能的混凝土，需要将水胶比控制在 0.4 以内，例如 C50 水泥混凝土，其水胶比应该控制在 0.32 ～ 0.37 之间，C80 水泥混凝土，其水胶比控制在 0.22 ～ 0.26 之间。在对混凝土等级确定后，对水胶比进行设计，也就是对矿物掺合料的种类和使用量进行设计，也可以通过这些因素对混凝土的性能进行调节。浆骨比就是水泥浆与骨料用量之间的比，通常情况下，浆骨比在 7 ∶ 13，在这个比例背景下，水泥混凝土的状态是最佳的。C50 ～ C70 型号的水泥，20% ～ 50% 水泥可以替换成 15% ～ 30% 的矿渣或者粉煤灰，C80 型号水泥中相同质量的水泥可以由 15% ～ 30% 的矿渣或者粉煤灰与 5% ～ 10% 硅灰代替；砂率也是混凝土的重要控制参数，对其配合比进行合理控制能够有效提升混凝土的强度，而低砂率的混凝土其强度和弹性模量也会随之降低，这样的情况下就需要同时合理控制总胶凝材料的用量及粗细料级配等方面的内容。

如胶凝材料的总量要低于 $360kg/m^3$，细沙、中砂及粗砂的细度模量分别控制在 1.6 ～ 2.2、2.3 ～ 3.0、3.1 ～ 3.7，胶凝材料用量控制在 420 ～ 480kg/m^3 之间，高效减水剂用量控制在 1.5% ～ 2% 之间，这样的配合比设计才能确保混凝土的流行性更好，强度及坍落度也达到最佳状态。

第三节 水泥混凝土的性能检测

一、水泥检测的基本理论

（一）水泥检测的主要过程

1. 样品提取

通常用于检测的水泥样品需放置于直径为 22cm 的容器之中，随后不停地搅拌，直至整个样品处于相对均匀的状态。

2. 称量

于负压筛中盖上盖子，并连接电源，保持整个负压环境压力为 4000 ～ 6000Pa，随后将水泥放置其中，直至设备停止运行之后将水泥样品取出并完成称量工作。若该过程中需对新的样品进行称量，则可以预先将相关样品放置于筛盖的外侧，随后盖紧，并慢慢地敲击盖子，促使水泥样品逐步落至仪器之中，并对余下的样品实施称量。

3. 连续搅拌

使用湿布将搅拌叶及锅等彻底清理干净，随后放入水泥试样不断搅拌，在整个过程中需对水泥的加入量进行合理的把控，包括加入的具体时间及量等。通常选择每间隔 5 ～ 10s 添加一次，搅拌周期为 2min。

4. 排气处理

把水泥净浆等放置于模型内，并有效去除内部的空气及抹平。在检测过程中，时常会由于某方面要素而导致水泥的检测品质大幅降低。就当下情况而言，个别企业未高度关注该方面，故而，为确保工程建筑的品质，相关企业务必严格把控水泥检测工程中的整改工作。

（二）影响水泥检测的因素

新国标实施以后，个别企业只是对水泥的养护方面进行部分改善和优化，但未建立起系统全面的改造和优化条件，一些企业成型室达到 28℃，养护箱中的温湿度更是达不到有关规定，一些企业的养护箱甚至为自制模式，只有简单样式的温湿度管控系统，有关监管措施也落实不到位。因此，在养护过程中，势必难以对温湿度进行合理的把控，对结果的准确性也有一定影响，现就下述 4 个层面进行分析。

1. 设备

称量设备、温湿度测量设备等，即便在有关规定中对于称量的水平及加水器的精度等方面有着严格的要求，但实际许多实验室依旧沿用传统的低精度的实验室设备。比如，一些实验室甚至还在使用精度为 5mm 的加水器设备等。

由此，势必难以更为准确地衡量加水量及水泥量，并对胶砂水灰比及灰砂比等带来一定的影响。一些实验室也有可能长时间未对各个测量设备进行校准，包括温湿度计的校准、称量设备的校准等，这样也会导致测试过程中数据偏差。

2. 试模

实际水泥强度如何也需基于试模的方式测取，基于有关规范，对其材质、尺寸及装配精度等各个方面均有着严格的规定，但也有部分检测室未意识到试模的作用，主要表现为未开展试模尺寸校验及装配精度的核准等，即便部分开展了自校记录，但依旧存在诸多问题和弊端。

3. 成型设备

成型设备包括搅拌设备及振动设备等，就前者而言，每间隔一段时间之后，均需综合有关规范要求对于搅拌机及搅拌锅等彼此的间隙进行合理的调节。

4. 人为因素

不同的作业人员最终得到的检测结果往往也是不同的。即便是同样的样品及检测手段，最终的检测结果也带存在一定的误差。一些误差是在允许范围内的，但因为个别操作人员本身作业不规范等原因，可能导致部分误差较大，由此给整个检测结果带来极大的影响。

（三）水泥检测要点

1. 水泥进驻现场准备

需完成取样工作，并放置于容器中封存，标上记号，进行送检处理。为便于后续有关检测工作的进行，需连续 90 天保存样品。对于检测设备及仪器等采购期间，应完善校准等相关工作，因为如若希望得到更为准确的检测结果，势必应当对仪器质量有一定的保证。在设备采购期间，应当预先完善市场调研有关工作，确保设备质量及品牌信誉，除此之外，在检测设备抵达现场之后，也需对其进行必要的校核工作。

2. 检测基础

典型的包括在测试开始前，需于成型室中放置水泥原料及水，此外科学测量其温度情况，确保温度的统一性。检测结果的准确与否和温度的变化息息相关。养护箱使用期间，需密切关注水泥的温度环境，采取科学性策略对水泥的温湿度情况进行管控。现阶段，随着科技的发展，已然出现了许多高效的科学技术，可以自动化地完成整个水环境的温湿度管控，从而规避传统人为作业导致的偏差，有着较好的经济效益。

3. 引入标准物质

就国内有关标准而言，对于标准砂的生产有着极大的诉求，此外价格也比较昂贵。地区性的经销商也往往不多。对于标准砂的购买应当尽可能地选择正规渠道，购买期间还应当取得供应商的合格证书及相关授权文件。

4.水泥安定性的检测

要把标准稠度的净浆有效去除，放置在 10cm 的玻璃板内，随后得到厚度 1cm、径长 7.5cm 的试饼，之后于温度 20℃的情况下放置在养护箱中，持续 3h 煮沸。为确保后期脱模作业合理实现，可以把一层润滑油涂抹于水泥浆及玻璃面板接触位置，确保其表层的光滑度。除此之外，其边缘的厚度应当低于中心的厚度，煮沸期间，确保水可以有效没过试件，30min 后对其进行加热处理，直至煮沸即可。

5.黏稠度需水量检测

若水量为明确的，添加的拌和水为 142mL，则需加入 500g 水泥，此外，搅拌锅内搅拌之后，需放置于净浆设备中的锥模之中，并完善水泥插捣及振动刮平等方面工作，抹平工作最后开展，并就试锥下沉的深度情况进行检测。如若使用了叶片及搅拌锅等设备，则需使用湿布等对其进行彻底清理，随后于搅拌锅中放置拌和水，并仔细添加水泥，规避飞溅等情况，在测得锥下沉深度情况下，应当坚持不高于 90s，如若深度未达到 13mm，则测得的结构即为水量结果。

一般而言，如若提升了水泥剂量，则会增加整个混合料的强度，此外，材料等收缩特性也会明显提高，在配合混合料期间，只是增加了较少的水泥，但是对建筑施工品质也会产生较为明显的影响。

6．保证水泥检测品质对策

首先，应当进一步提升日常检测工作的监管力度。水泥质量实施检测期间，应当就关键检测流程进行严格的监督把控，如若标准黏稠度用水量的检验结果不合理，则会给水泥的安定效果及凝结时间等带来一定的影响，甚至可能存在误判等情况。故而，应当于水泥标准黏稠度的用水量检测期间，加强对于检测人员的监管，要求其严格遵循试验章程等规定，合理使用设备仪器，仔细完成整个检测过程，保证检测结果的准确性及可靠性。

其次，提升对于各个检测设备的精度和品质把控。实际开展水泥检测期间，对于涉及的检测设备及仪器等均应当实施必要的调整及校准工作。此外，有关部门还应当有针对性地完善面向各个检测设备的周期性的校核检测计划，并根据要求的时间送往相关机构进行检验，或是交由专业部门进行现场检测等，以保证设备始终在有效期内保持良好的工作状态。对于超过使用有效期的设备，应当进行必要的更换或维保等工作。

除此之外，还应当尽可能保证检验设备量值可以溯源至国家基准及国家计量基准之间的偏差容许范围，如若未有标准的溯源体系，则检测人员需完善设备的检验校核工作，确保其检测结果的准确度及可靠性。还需认识到，设备在长期使用过程中或多或少存在设备精度下降、零部件老化及设备无法正常工作等情况，如若不对其进行管控介入，势必影响检测工作的正常开展。

因此，对于相关部门应当针对各个设备建立完善的检测、维保计划，定期对各个设备的运行工况进行分析，并开展保养，针对已然出现故障的设备，则需进行必要修理，如若无法修理，则需立即进行更换，以免影响正常检测工作的开展。唯有切实保证各个检测设备使用的稳定性，才能为合理检测工作的开展奠定扎实基础。

最后，提升管理评审的重视度。管理评审主要指管理者针对当前管理体系阶段性的工作落实情况的评估管理。结合有关要求，管理人员应当结合预定的计划及章程等，周期性地就其管控系统和检验等工作进行客观的评估，确保整个系统能够持续、合理地进行，对于存在差漏的地方有针对性地做出改善和优化。管理评审期间，需考量的问题包含管控人员及监管人员等的报告、有关政策法规及流程适应性、近段时间的内部校核、防范及纠正措施、质量管控情况及人员培训情况等。

由此可见，必要的管理评审工作对于全面提升检测质量及可靠性具有重要意义。相关管理层应当引起高度重视，转变以往的偏见思想，进而加强对于检测部门的管理评审工作，以更好地监督管控检测工作开展，切实保证检测结果准确。

另外，人为因素对于检测结果也有着极大影响。对此，相关单位应高度重视对于人才的培养，提高其技术水平及责任意识。技术水平的提升可促使其更为科学合理地使用各个检测设备，以保证检测效率及质量；而责任意识的提升则可以敦促其在检测过程中始终保持高度的责任意识，以更为严谨仔细的态度对待水泥检测，严格遵守相关规章制度，保证最终检测质量合规、可靠。

二、水泥混凝土强度检测与评定

（一）不同条件下水泥混凝土强度差异

在不同条件下，水泥混凝土的强度也存在一定差异。

（1）不同的混凝土试件养护条件会导致强度检测结果存在一定差异。标准条件下的养护需要采用标准的测试条件，而施工条件下的养护的实际性更强，可以保证和施工现场养护条件一致。

（2）评定方式。在标准条件下需要以统计标准差对比法和非统计标准差对比法评定实验数据。而施工条件下需要保证和施工环境一致来检测和评定试件的实验数据。

（3）试验结果目的。标准条件下是希望通过试验准确地判断混凝土材料的强度是否达标，可以为公路项目竣工验收提供数据基础，而施工条件下的数据需要对应各个施工环节，从而追踪质量强度。

（二）混凝土强度的影响因素

1. 混凝土施工对强度的影响

在拌和、运输、浇筑、养护水泥混凝土阶段，工作技术水平都会影响混凝土的强度，为此，需要保证混凝土原材料搅拌均匀、配合比科学合理，加强对离析、泌水等不良问题的控制。在运输阶段需要注意做好运输路线选择避免降低混凝土材料的强度。在完成浇筑作业后需要及时开展养护，尤其重视温湿度方面的控制。

2. 施工环境对混凝土强度产生影响

公路工程水泥混凝土施工中，结构强度会从很大程度上受到环境条件的影响。比如在冬季施工会受到低温的影响导致原材料强度降低、混凝土凝结时间延长，如果没有采取保温、加热等方式还可能导致出现温度裂缝，严重影响水泥混凝土结构的强度。夏季高温时间段施工可能会由于入模温度过高，水泥混凝土的内外温差较大，结构表面水分散失过快，出现温度裂缝或者干缩裂缝。

3. 模板施工技术

如果没有牢固地支撑模板工程那么会导致构筑物发生变形等不良问题，甚至对混凝土内部结构质量产生不良影响，最终降低水泥混凝土结构的强度。

4. 实验条件影响强度检测结果

时间、温湿度、加载方式等都会对混凝土试件试验时的最终强度结果产生影响。在同压力试验的前提下，试件强度测试结果会随着试件尺寸的缩小而增加，这主要是因为上部压力可以对小试件的上下面产生更加明显的保护作用。为此，应当采用不同的系数修正不同尺寸的抗压试件。

又如，同一批同标号的多组试件，如果受压面采用立方体试件的磨光面，那么比选择侧面测得的抗压强度值会偏小，大约相差 2 ～ 5MPa。水泥混凝土强度检测结果还会受到加载速率的影响，强度随着加载速率的加快而升高，这主要是由于试件没有充足的时间反应较快的加载速率变化，导致发生荷载承受能力更高的假象。

（三）水泥混凝土强度常用检测方法

水泥混凝土的强度是否符合标准，直接关系到建筑作业的安全性，同时也与建筑工程质量联系密切，鉴于此，需要掌控好强度指标，使其能够满足设计要求。强度是水泥混凝土的力学特性主要标准，其强度越大时，混凝土的刚性越高，渗水速度就越慢，抵御风化性能就会越好，而高强度的水泥混凝土，是项目建设有序进行的重要保障。水泥混凝土的强度越大，其干缩性也会增大，在完成水泥混凝土作业后，表层水泥出现脆裂的可能性就会越大，据此，把握好混凝土强度，具有十分关键的意义，需要确保其适当合理，以此满足强度要求。

1. 钻芯取样法

公路工程水泥混凝土路面强度检测的常用方法之一就是钻芯取样法，该方法主要钻芯取样的目标主要为已经成型的水泥混凝土构筑物。钻芯取样法需要应用专用的钻机从水泥混凝土结构中钻取芯样，并且进行芯样强度的检测，明确水泥混凝土结构的强度。钻芯取样法有着准确可靠、直观检测等优势，当前已经在很多公路工程中应用，可以用于检测结构强度、混凝土裂缝、孔洞等。不过此方法会从一定程度上破坏公路水泥混凝土的整体结构，属于有损检测方式，相比于无损检测方式，需要消耗较长的时间和较高的费用，容易受到试件取样的限制。通常在具体检测中需要和其他无损检测方式相配合，主要是验证其他无损检测结果的准确性。

2. 无损检测

无损检测不会破坏公路工程水泥混凝土结构，这种检测方式有着较为便捷的操作方式，具有较高的测量精确度，可以为后续施工提供参考数据。无损检测主要是检测水泥混凝土结构的耐久性、受力情况等，明确施工结果是否能够和规范标准相符合。和传统的检测方法相比，无损检测基本不会影响检测物质的性能，有着较为精确的检测数据。当前无损检测技术经过多年发展已经存在诸多方式。

（1）回弹法

公路工程施工现场检测结构强度通常会采用回弹法。在采用回弹法进行测试时，容易受到多方面因素影响。①需要考虑当检测地区的湿度，如果湿度大会影响检测结果准确性，可以通过增加实验测试次数修正该湿度下检测数据，将检测结果准确性提高。②混凝土碳化深度对回弹法测定的结果会产生一定的影响，在检测中需要注意考虑混合料、表面涂层等方面因素的影响，将数据片面性降低。在测试时可以先将碳化层去除再进行检测，如果碳化深度较大那么需要综合使用钻芯法修正检测数据。在评定公路工程水泥混凝土结构强度过程中主要指标就是抗压强度，公路质量的验收需要通过多次、多点评定明确其整体性能。在评定结构抗压强度时，可以在近似相同测量条件下进行采样和测试，按照相关检验规定随机采样，降低地域性因素影响。

（2）超声回弹法

在水泥混凝土强度检测中，超声回弹是一种常用的十分简单的操作方式。在检测中需要应用两种工具，分别为回弹仪和超声仪器，对水泥混凝土结构进行综合分析，从两个角度测评混凝土的强度，分别是回弹值和超声波速。通过结合应用两种方式能够将强度检测结果的精确度提高。在测量中，检测人员首先需要在待测区域选择一块混凝土，分别对该区域的回弹值大小和超声值进行测量并且核算。通常在水泥混凝土强度检测中，利用回弹仪就可以测定较为准确的结果，但是并不能精确地估计混凝土内部的承载力，而超声波能够向内部发射超声，利用声波的传播速度对混凝土内部情况进行客观判断，对水泥混凝土的强度情况有更加准确清晰的了解，可以更加客观地评定公路工程的强度。

（3）频谱分析法

该方法利用瑞雷面波法，以介质中波的传播过程为参考检测水泥混凝土内部波的传播特性，进而对结构的强度进行判断。波动理论是频谱分析的理论基础，以此为基础对水泥混凝土结构强度和瑞雷波速的联系进行计算。

（四）水泥混凝土结构强度检测与评定

某公路工程为水泥混凝土路面，采用频谱分析方法判定混凝土结构的强度。在公路某段区域选用垂直锤击的方式检测水泥混凝土结构强度，用检波器接收垂直方向的信号，然后用采集系统收集相关信号，通过转换信号测得数据并且存储在仪器中。在检测过程中可以首先用小的铁板铺设在公路上，用铁锤锤击小铁板将散射曲线获取并且测定激发频率。该工程在检测水泥混凝土强度过程中按照 1024Hz 的频率确定信号采集装置，并且用低频式传感器作为检波器。对混凝土路面的深度情况进行综合考虑确保合理设置检波器位置。通常按照检波器频率的两倍确定两者间距。导线是整个测试系统中连接各个仪器的关键，所以在检测过程中尽量不要导线，将导线之间的距离尽量缩小以免在检测过程中发生抖动等问题，对检测结果准确性产生不良影响，尽量将结果准确性提高。

以检测结果为基础展开计算分析，对该路段的水泥混凝土强度是否符合标准进行推测。根据路段制定的标准对道路修筑标准进行评定，确认强度达到规定要求。但是为了将结果的准确性进一步提高，需要在测量前明确这种方式是否会损坏路面。

水泥配比是对水泥混凝土强度影响较大的因素，通常在配比合理的前提下如果水泥强度高那么也就能够得到较高强度的混凝土结构，可见，在公路水泥混凝土结构施工中起着决定性作用的就是水泥，而且刚性路面检测方式通常选用瑞雷面波，不会损害已经成型的路面，和钻芯法相比，此种测量方式只要保证操作规范性就能够提高水泥混凝土强度检测结果的准确性，保证顺利开展公路工程施工作业。

三、水泥混凝土路面试验检测

（一）弯沉值试验检测

在水泥混凝土用作水泥混凝土路面基层时，必须确保路面强度和压实度符合设计规范要求。弯沉测试时，应保证支架的稳定性，测试点应设置在两个轮胎之间，并保证支点在轮胎轴线向前20cm，以防止由于测试点的偏差而导致检测数据偏低。应保证试验车辆性能良好，胎压充足，试验工作应在晴天进行，避免路面积水对监测数据准确性的影响，检测车前行时应控制好车速，缓慢前行，不可急刹或忽快忽慢。测量水泥混凝土路面与测量车的接触面积时，测量车应顶起在光滑的地面上计算新轮胎的痕迹。

（二）平整度试验检测

路面的平整度会影响车辆的安全行驶。水泥混凝土路面平整度测试主要通过3m直尺测试和连续平整度测量进行。使用3m直尺检测方法时，需要保证检测的连续性，并根据路面使用寿命选择检测点。

第六章　沥青和沥青混合料检测

随着我国社会经济不断发展，当今沥青混合料在日常社会生产中应用愈加广泛。对于沥青混合料来说，沥青含量会直接影响混合料的性能，这就需要加强沥青混合料的检测工作，确定沥青具体含量，保障混合料性能。本章分为沥青的分类和技术性能、沥青混合料的技术性质、沥青材料及检测方法、沥青混合料及检测方法四部分。

第一节　沥青的分类和技术性能

一、沥青的微观组成

沥青的化学组分复杂，碳和氢两种元素在沥青的化学组成含量中占到97%以上，剩余含量为少量的硫、氧及氮等其他元素。这些元素构成各种烷烃化合物，进而组成了沥青。

沥青中含有各种化合物的平均分子量从几百到几十万不等，并且不同油源的沥青所含化合物类型不尽相同，所以不能分析所有沥青所含化合物的具体类型以及对应的具体含量。为便于分析沥青微观结构，国际上将沥青在分子层面上将化学性质接近的分为一组，称为沥青的组分。目前，沥青组分的划分方法各异，我国采用四组分分析法，即将沥青分为沥青质、胶质、芳香分、饱和分。

（一）沥青质

沥青质与其他3种组分相比，它的相对分子质量较大，具有非常强的极性，普通基质沥青中的沥青质含量大约为5%～25%，沥青质与沥青的流变性能有关，当沥青质含量少时，沥青的软化点以及黏度有所变小，而当沥青质含量非常少时，其高温性能会下降，其结构如图6-1所示。

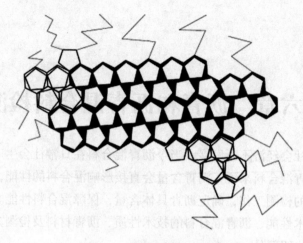

图 6-1　沥青质结构示意图

（二）胶质

胶质的性质以及化学组成介于沥青质与胶质之间，外观呈现黑褐色或深黑色，具有极强的着色能力，如图 6-2 所示。有机溶剂能够溶解胶质，胶质在沥青中起到扩散剂和胶溶剂的作用。胶质能够保证沥青具有较好的塑形和黏附性，增加沥青的延展性。胶质在氧、光、热作用下容易氧化缩合变成沥青质。

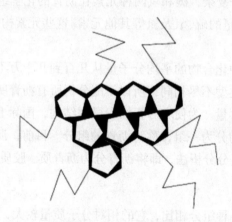

图 6-2　胶质结构示意图

（三）芳香分

芳香分与饱和分在沥青中属于轻质油分，基本无极性，如图 6-3 所示。在沥青保持一定的芳香分含量能使沥青针入度以及黏性增加，软化点减小，软化沥青。当沥青老化时，芳香分发生氧化缩合转变为胶质。

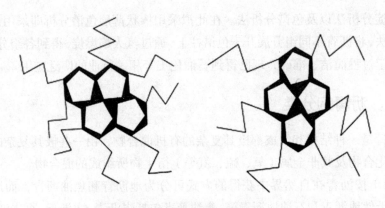

图 6-3　芳香分结构示意图

（四）饱和分

饱和分是一种没有极性的相对分子质量非常小的轻质油分，是一些支链和直链的烷烃混合物，如图 6-4 所示。饱和分与芳香分共同构成沥青胶体结构中的连续相，起到分散和稳定胶质、沥青质的作用。

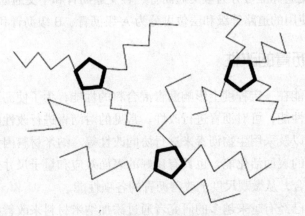

图 6-4　饱和分结构示意图

根据现代胶体理论，由于沥青里面含有分子极性各异的组分，这使得分子量较大的沥青质无法直接胶溶在分子量较小的轻质组分中，但因为有胶质的存在，可以作为沥青质与轻质油分之间的胶溶剂，使得沥青质和芳香分各自连接胶质一端，形成外围是轻质组分，内部连接沥青质作为核心的一种稳定胶体结构。

沥青组分含量的不同会导致沥青呈现不同的胶体结构，最终表现在沥青的路用和使用性能的不同。因此，从沥青微观组分层面研究沥青的性能具有非常重要的作用和意义。常见的测定沥青组分的试验方法包括：溶解—吸附分析法、化学沉淀分析法以及色谱分析法。在此拟采用棒状薄层色谱分析即采用色谱分析的方法，将沥青不同组分展开于色谱柱上，通过氢火焰燃烧，得到各组分含量，因其测定过程简洁、准确，现已得到石油化工等相关行业的广泛应用。

二、沥青的分类

沥青是一种结构和组成都极其复杂的有机混合物，由一些极其复杂的高分子碳氢化合物及其非金属（氧、硫、氮等）衍生物所组成的混合物。

（1）按沥青在自然界中获得的方式可分为地沥青和焦油沥青，而地沥青又包括天然地沥青和石油地沥青等，焦油沥青包括煤沥青、木沥青、页岩沥青等。其中石油沥青在土木工程中是最常用的。石油沥青按其制造沥青的石油基属可分为石蜡基沥青、中间基沥青和环烷基沥青等。[①]

（2）按原有成分中所含石蜡数量的多少划分成石蜡基沥青（含蜡量 > 5%）、沥青基沥青（含蜡量 <2%）和混合基沥青（含蜡量 2% ～ 5%）等。

（3）按状态可分为液体沥青和黏稠沥青等。

（4）按交通标准可分为重交通沥青、轻交通沥青和中交通沥青等。

（5）按使用的道路等级和层位可分为 A 级沥青、B 级沥青和 C 级沥青等。

三、对沥青的改性

沥青的性能在一定程度上影响沥青混合料的性能，为了使沥青路面获得更好的低温抗裂性能，可对沥青进行改性。常见的对沥青进行改性的材料有纳米材料、增塑剂以及采用生物沥青来进行协同改性等。纳米材料因为比表面积较大，具有较高的表面活化能，也具有良好的表面效应和量子尺寸效应，能够与沥青有效地结合，从微观尺度上改善沥青的各项性能。

近年来，已经有越来越多的研究者通过添加纳米材料来改善沥青的性能。增塑剂作为塑料橡胶制品的助剂，可以改善聚合物的柔韧性、拉伸性及抗冲击性，提升低温抗裂性能，并且具有价格低廉、绿色环保等优点，不会对人体或环境造成危害。生物沥青是由生物油升级和处理后制得的一种具有可再生、环境友好等特点的沥青，可替代部分石油基沥青。它们都可作为改性材料，提升沥青的低温性能。陈渊召等在沥青中掺加纳米氧化锌，制备级配为 AC-13 的沥青混合料，比较纳米氧化锌掺量为 0%、1%、4%、7% 的沥青混合料的低温

---

① 关长禄，吕得保，陶志政.沥青路面用改性矿料技术 [M].北京：人民交通出版社，2013.

性能。试验结果表明，随着纳米氧化锌掺量的增加，弯曲劲度模量表现出下降的趋势，最大弯拉应变表现出先上升后下降的趋势，如图 6-5 所示。这与改性沥青三大指标所反映出的结果相一致。3 种掺量的纳米氧化锌均能改善其改性沥青混合料的低温性能，从性能提高幅度的角度看，纳米氧化锌的最佳掺量是 4%，此时的弯拉应变为 3367.2$\mu\varepsilon$。

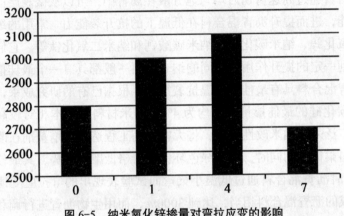

图 6-5　纳米氧化锌掺量对弯拉应变的影响

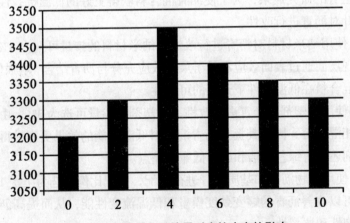

图 6-6　纳米碳化硅掺量对弯拉应变的影响

　　傅珍等采用环保型增塑剂环己烷二甲酸二异丁酯（DIBCH）对基质沥青进行改性，研究改性沥青混合料的低温抗裂性能。这种增塑剂可以改善聚合物的热变形能力及低温柔韧性能，且具有成本低、相容性好等特点，是一种绿色清洁、成本低廉。DIBCH 改性剂的掺量选择为 0、1.5%、2%、2.5%、3%，试验结果表明，最大弯拉应变随增塑剂掺量增大而逐渐提高，当将 DIBCH 掺量提高到 3% 时，最大弯拉应变较基质沥青提高了 42.5%，且此时抗弯拉强度达到最大值，在原基础上提高了 16.5%。改性沥青混合料弯曲劲度模量随增塑剂掺量的增大出现不同程度的降低，这说明通过 DIBCH 改性后，沥青混合料较基质沥青混合料其低温抗裂性能有所提升。

研究表明，对沥青采用不同的改性方法均可提升沥青混合料的低温抗裂性能。纳米材料通过高速剪切后均匀地分散在沥青中，可以从微观层面提升沥青的低温性能，进而提升沥青混合料在低温下的抗开裂能力。常用的纳米改性材料有纳米氧化锌、纳米碳化硅、纳米碳酸钙和纳米二氧化钛等，它们都对沥青的性能起到一定的提升作用。不同的纳米材料一般都具有一个最佳掺量，使得沥青和沥青混合料具有最佳的低温抗裂能力。根据已有的研究成果，纳米氧化锌和纳米碳化硅的最佳掺量一般均为 4%。纳米材料的成本相对较高，若在道路工程中广泛采用纳米改性沥青，将大幅提高工程造价。增塑剂在改善沥青及沥青混合料柔韧性的同时，具备绿色环保、价格低廉等优势，其最佳掺量一般为 3%，此时沥青混合料通过低温小梁弯曲试验表现出的弯拉应变值与纳米改性材料制成的沥青混合料相当，达到 $3000\mu\varepsilon$，而用生物沥青进行调和后的改性沥青其值可以达到 $4000\mu\varepsilon$，远高于通过纳米材料和增塑剂进行改性的沥青混合料。根据已有的研究成果，为了使沥青混合料获得更好的低温抗裂性能，可从以下方面针对沥青进行改性。

（1）使用纳米材料对沥青进行改性，纳米材料的掺量可选为 4%。纳米材料可从微观层面通过表面效应和量子尺寸效应充分与沥青结合，增强低温性能，降低沥青混合料在低温条件下开裂的可能性。

（2）使用增塑剂对沥青进行改性，增塑剂的掺量可选为 3%。由于增塑剂易与沥青相混相容，因此其提升沥青混合料低温性能的效果更容易得到保证。同时增塑剂还具有绿色清洁和成本低廉等优点。

（3）使用生物沥青和基质沥青进行复配，复配比例可选为 1∶1。生物沥青的成分可以改善沥青的蠕变劲度模量和低温流变性能，从而提高沥青混合料的低温柔韧性和抗裂性。

（4）在采用生物沥青和基质沥青进行复配的同时，加入纳米材料或增塑剂进行进一步的改性。但已有的研究成果还不足以解决以下问题：由于纳米材料和增塑剂的种类众多，不同的纳米材料和增塑剂是否可以通过协同改性进一步提升沥青和混合料的低温性能，以及在提升低温性能的同时，是否会损失其高温性能；生物沥青的原材料选取、制备过程、复配工艺和复配比例等尚不够明确和完善。

四、改性沥青的种类

改性沥青能够很好地黏结在集料上，有助于集料和沥青之间黏合力的提升，有助于控制发生路面水损害，同时能够将路面的使用寿命延长，达到二次成本节约的效果。当前改性沥青已经在桥面铺装、高速公路、机场跑道等工程中应用并且发挥着越来越重要的作用。改性沥青种类如下。

（1）丁苯橡胶主要成分是丁苯，然后按照总体比重2%的标准掺加沥青，支撑改性沥青母体后再掺加一定比例的普通沥青，最后形成了丁苯橡胶沥青。不过这种沥青有着烦琐的制作方式，但是取得的效果并不明显，所以很快就不再应用于公路工程施工中。

（2）公路工程最常用的一种改性沥青为聚乙烯改性沥青。聚乙烯改性沥青主要是将聚乙烯或者苯乙烯共聚物按照一定的比例加入普通的沥青当中，同时用石棉纤维铺设于公路表面。聚乙烯改性沥青的湿度较高，即使是高温环境也有着良好的黏结性，无须投入过多成本，技术要求也相对不高，所以在公路工程中得到广泛的应用。

（3）北美沥青是北美天然树脂和沥青混合而成的一种材料，可以直接在沥青中添加天然树脂，有着十分方便的施工方式，有着较强的延展度和黏附性，不过原材料的获取较难所以在我国公路工程项目中没有广泛应用。

五、改性沥青的优势

（一）缩短施工工期

在公路工程中，已经广泛地应用改性沥青混凝土施工技术，该技术可以简化传统的路面施工工序，有助于施工工期的控制，能够提高施工便捷性，将企业经济效益提升。

此外，改性沥青路面在后期公路路面养护方面也十分便捷。可以说，在公路路面中采用改性沥青施工技术能够将道路施工质量全面提升，有助于保障现代化经济的快速发展。

（二）抗疲劳性更强

改性沥青比传统沥青混凝土材料有着更加明显的抗疲劳优势，可以将沥青应力吸收层的弹性模量最大限度地降低，从而实现公路工程承载能力的提升，在日常运营中基本不会损坏公路结构，有助于提升公路交通的安全性和稳定性。表6-1为沥青混合料弯曲试验结果。

表 6-1　沥青混合料弯曲试验

相关参数	掺加聚酯纤维沥青	未掺加纤维沥青
弯拉强度 /MPa	5.20	4.07
最大弯拉应变 *0.01	1.60	1.42
弯曲劲度模量 /MPa	17.5	23.6

（三）黏结性强

特殊沥青为改性沥青混凝土的主要组成材料，有着较强的黏附性。改性沥青混凝土能够利用黏结性高的特点有效解决水泥混凝土低温开裂问题。当前公路路面常见病害之一就是裂缝问题，其中最常见的为水平裂缝，一旦发生水平裂缝就会影响公路工程的使用寿命和行车安全，造成公路完整性被破坏，承载能力降低。温度收缩是造成沥青路面水平裂缝的常见因素，改性沥青混合料具有低黏稠度的特点，对温度不敏感，能够达到缓解路面开裂问题的目的，同时通过利用涂覆薄层混合料能够将路面抗拉强度进一步优化，提高路面抵抗温度变化的能力，降低发生裂缝的次数。

六、沥青的路用性能

沥青路面是由沥青作为结合料，将矿料修筑的面层、基层、垫层进行黏结，做成路面结构。沥青路面与水泥路面相比，有耐磨性强、舒适度高、振动小、噪声低等优势，在近几十年得到了广泛的运用。

目前，我国高速的路面形式主要是沥青路面。随着经济的发展，交通运输的需求量进一步增加，沥青路面将会发展得更好。沥青路面的使用性能主要体现在以下几个方面。

（一）沥青路面高温性能

沥青属于典型的黏弹塑性材料，我国北方地区夏季路面温度可达到 $50 \sim 60\,℃$ 甚至更高，加之沥青路面不断承受滚动轮作用产生的动态荷载，沥青性能由弹性体转变为塑性体，其变形主要为弹性—延迟弹性黏性变形，产生车辙。实际工程中，基质沥青性能不能满足日益提高的施工工艺标准。因此进行改性，前文针对基质沥青，运用生物油进行高掺量替代，并添如 DOP、SBS 对其改性。从常规性能验证可知，生物油的掺入，延缓了材料从弹性体转化塑性体的进程。进而影响黏性变形，为了从流变学角度中挖掘 DOP 对复合生物沥青性能产生的变化。测试不同沥青的高温流变性能，试验样品主要包括复数剪切模量 G^*、相位角 δ 及车辙因子 $G^*/\sin\delta$ 等参数（下文均用字母表示）。这三个参数直观表征高温，$G^*/\sin\delta$ 比值越高，代表沥青抗车辙能力越强，受高温影响材料的形变愈小。试验温度范围为 45～81℃（每 6℃ 间隔）。

随着温度增加，各复合改性生物沥青的 G^* 均逐渐减小，在 63℃ 后，趋于平稳；δ 数值均逐渐增大，在 75℃ 后趋于平稳。而各复合改性生物沥青的 $G^*/\sin\delta$ 均逐渐减小，在 69℃ 后趋于平稳。表明随着温度的升高，各改性沥青的弹性成分减少，抵抗变形能力下降。

相同温度下，在未掺入 DOP 情况下，随着生物油掺量的增加，各改性生物沥青的 G^* 逐渐增大，δ 逐渐减小，$G^*/\sin\delta$ 随之增大；在 63℃ 时，生物油掺量为 40%、50% 的 SBS 改性生物沥青相比 30% 的 SBS 改性生物沥青，G^* 分别提高了 10.12%、32.3%；δ 分别降低了 1.34%、1.23%；$G^*/\sin\delta$ 分别提高了 32.8%、24.9%。这说明生物油的掺入，能体现出更好的抵抗永久变形能力和高温稳定性能，在生物油掺量达到 40% 时，效果最佳。

相同温度下，未掺入 DOP 的改性生物沥青的 G^* 和 $G^*/\sin\delta$ 均大于复合生物沥青，未掺入 DOP 的生物沥青的 δ 小于 DOP/SBS 改性生物沥青的相位角，在 63℃、40% 生物油掺量下，掺入 2%、2.5%、3% 和 3.5% 的 DOP 与未掺入 DOP 的改性生物沥青相比，G^* 分别减小了 52.6%、52%、56%、53.8%；δ 分别增大了 1.9%、1.4%、1.8%、1.76%；$G^*/\sin\delta$ 分别减小了 57.2%、52.1%、60.2%、59.35%。这表明 DOP 的加入，会对改性沥青抵抗永久变形能力产生伤害，对改性沥青的高温性能产生弱化影响。宏观性能上综合分析复合生物沥青受 DOP 影响的常规、流变性能，建议生物油最优掺量应选择 40%、DOP 最优掺量应选择 2.5%。

（二）沥青路面低温性能

虽然在温度较低的时候沥青路面的强度会增大，但是却会降低沥青的变形能力。温度降低，尤其是在温度突然降低的时候，在沥青路面上会产生温度梯度，温度突然降低会导致路面产生收缩势，而下部层次对其产生拉应力。由于最初的沥青混合料劲度相对不高，所以应拉力也不会太大。但是随着温度的降低，沥青混合料的劲度也会随之升高，收缩势也会逐渐加强，最终应拉力超过路面强度，导致沥青路面的面层出现开裂。

由低温收缩导致的开裂一般可以分为两种：一种是沥青混合料的体积收缩

相关，是直接有温度降低造成的开裂，会有表面开裂逐渐发展成裂缝；另一种是路基或者基层收缩与低温共同造成的开裂，这种开裂是从基层内部开始逐渐反映到沥青面层开裂。沥青路面的损坏都是随裂缝的出现开始的，随着温度的不断下降，裂缝也会进一步发展，然后雨水会由裂缝进入路面结构，使路况进一步恶化。因此，在提高沥青路面低温抗裂性能时，可以采用以下几种措施。

（1）采用温度敏感度小、稠度低的沥青材料，也能够有效提升沥青混合料的低温抗裂性能。

（2）在路面结构层使用空隙率较小的并且不透水的密级配沥青混凝土，其具有收缩性小、应力、松弛力强的优点，有效提升沥青混合料的低温抗裂性能。

（3）对沥青路面的面层厚度进行适当加厚，也可以增强沥青混合料的低温抗裂性能。

（4）选用上柔下刚的组合式基层，不仅能够减少低温开裂，而且兼具排水功能，但是要注意的是要增强层间的黏结性。

（5）采用降低沥青混合料收缩性，同时提升沥青混合料的低温柔性的方法。收缩性降低之后，沥青路面不易产生收缩变形；同时沥青路面具有较好的柔性，在面对低温的时候应力能力好，不易积累温度应力，有效减少沥青路面低温开裂的情况发生。因此，沥青路面低温抗裂性能的两个关键因素是沥青混合料的收缩性和低温应力松弛力。

（6）对结合料的用量和比例进行严格的设计，使用设计合理的半刚性基层材料，可以有效增强沥青混合料的低温抗裂性能。

（7）在基层设置土工合成材料，不但可以有效方式裂缝反映到面层，而且能够减缓裂缝的进一步发展。

（三）沥青路面疲劳特性

疲劳开裂是沥青路面结构主要破坏形式之一，因此，针对沥青混合料在特定交通与环境状态下疲劳性能的研究非常重要，世界各国的道路工作者都很重视这项工作的研究。世界各国的道路工作者在设计的时候都是以路面的疲劳特性为基础来保障沥青路面的耐久性和使用性的。为了保障沥青路面的实用性和耐久性，增强沥青路面各层混合料的抗疲劳性，防止或减少沥青路面疲劳断裂的发生，可以采用以下措施：①对沥青混合料进行合理设计，提升其劲度模量；②对沥青路面结构下层的混合料的抗疲劳性能进行改善；③对沥青路面的面层厚度进行适当增加，来提升其抗疲劳性。

（四）沥青路面老化特性

路面老化也是沥青路面损坏的形式之一，路面老化的问题不仅是出现在沥青路面的使用过程中，在沥青混合料的拌和摊铺以及碾压的过程中都会出现。当沥青路面产生老化之后，沥青的结合黏性会降低，使沥青路面变脆，降低了路面的使用性。因此，沥青里面的抗老化性能直接影响沥青路面的使用寿命和使用质量。为了延缓沥青路面老化的发生，可以采用以下措施。

（1）在不影响沥青混合料拌和、摊铺、碾压的前提下，尽量将施工温度控制在比较低的温度。

（2）对已经拌和好的沥青混合料应尽快使用，避免长时间存放，尤其是在温度过高的时期。合理安排混合料的运输距离，避免因运输距离过长，造成拌和好的沥青混合料存放时间过长。

（3）重交通路段，选择沥青材料的时候一定要慎重，通过热老化试验，根据沥青耐老化指数，选出优质的沥青材料。

（4）采用密实级沥青混合料，降低混合料的空隙率，通过对混合料的合理设计，减少阳光、雨水对混合料的伤害，减缓沥青氧化的和剥落的速度，有效改善沥青路面的抗疲劳性。

（5）可以适当增加沥青的使用量，通过增加集料颗粒表面的沥青膜厚度，来提升混合料的耐久性，但要注意的是不能破坏沥青混合料的热稳定。

（6）必要的时候可以使用外掺剂，在沥青中添加适量的外掺剂，可以有效提升沥青的耐久性。

（五）沥青路面平整度

沥青路面在使用过程中，受车辆和自然因素的影响，使用性能会逐渐发生变化，导致路面结构受到损坏，最终不能满足使用性要求。因此，在沥青路面的使用过程中，必须对其进行应有的养护、补强、改建等措施，以此来恢复或者提高路面的使用性能。

路面的平整度会直接影响车辆的安全、舒适度、运输效益等使用性能。沥青路面的平整度降低，车辆在行驶过程中会发生振动，会加快车辆的磨损速度、增加车辆的燃油消耗、影响行车舒适度等，同时也会造成路面损坏，甚至影响交通安全。因此，路面平整度是路面性能的重要指标之一。想要使沥青路具有良好的平整度，不仅需要优良的施工设备、精良的施工工艺以及对施工质量的严格把控，还需要对路面进行及时的养护。同时，整个路面结构的路基顶面、结构层强度和抗变形能力也直接影响沥青路面的平整度。强度和抗变形能力差的路基路面结构和面层，在车轮荷载的作用下，很容易出现车辙、塌陷等现象，破坏路面的平整度。

七、沥青路用性能的影响因素

（一）车辆荷载的影响

在车辆荷载的重复作用下，沥青路面的总体结构性能降低，如果给出的其他条件是一样的，那么，沥青路面使用性能的衰减性能会随着车辆轴载的加大而加快速度；沥青路面重载及超载的车辆越多，同时车辆荷载越小时，就会造成沥青路面的结构发生很大程度的破坏，以致沥青路面的使用寿命因出现损坏过早而大大缩短。所以，车辆荷载对沥青路面使用性能的定量影响，是我们应当重视和深入研究的重要问题。只有对这种影响关系有比较清晰的认识，有更深入的掌握，才能明确各种不相同的荷载等级对沥青路面使用性能究竟会造成什么程度的影响，并且，还能通过我们已经知道的车辆荷载等级信息，对沥青路面的结构按照沥青路面的使用性能进行设计。

（二）环境因素的影响

温度和湿度是环境因素中最主要的两个方面。由于各个地区的温度和降雨量等气候因素都是存在很大的不同的，所以，同样的沥青路面，在不同地区以及不同气候因素的影响下的衰变规律也会呈现出很大的不同。在大多数情况下，环境因素会通过多种方式对沥青路面造成不同程度的影响；通常包括以下两个方面：一方面，对沥青路面材料性能方面的直接影响。另一方面，对沥青路面材料的性能造成的间接影响，这种间接的影响主要是通过叠加的荷载发生的。

所以，环境对沥青路面使用性能的影响与车辆荷载对沥青路面使用性能的影响在相比较之下可以看出，环境对沥青路面使用性能的影响虽然是间接性的，但是更为隐蔽，也更有发生变异的可能性，故定量地分离出环境因素的影响相当困难。

（三）施工和养护水平的影响

施工水平在很大程度上会影响到沥青路面的使用性能，而在路面投入使用的初期，这种影响就更为明显。虽然我们已经认识到施工水平的重要性，但是施工水平涉及的因素繁多，并且十分复杂，如果想非常清晰地进行量化是非常困难的；对路面的使用性能能造成影响的还有道路的保养维护水平。在同样的条件下，如果对沥青路面进行良好合理的保养和维护，沥青路面使用性能的衰变速度就会产生明显的延长，路面性能的破坏也会明显缓解，从而使沥青路面的使用寿命能够得到非常有效的延长。但是，这种保养维护的水平，如果想在路面行为方程中被精确地反映出来是非常困难的，也是并不容易实现的。

（四）沥青路面结构组合的影响

每条高速公路的路面结构是不相同，而路面结构对沥青路面的影响，也是和不相同的路面结构有关联的。在同等的条件下，对不同的路面结构进行组合，就会使路面性能的发展呈现出完全不同的趋势。所以，我们非常有必要在进行路面结构设计时，设置好合理的组合方案，只有设计出合理的组合方案，并充分地运用于实践，才能使沥青路面的使用性能得到加强。

一般情况下，能够延缓路面使用性能变化的是路面层较厚，并且具有较高强度的路面结构组合。促使路面使用性能发生较快变化的是路面层比较薄，并且具有较低强度的路面结构组合。此外，早期路面使用性能比较好的是面层比较厚，并且具有较低强度的路面结构组合。后期路面使用性能比较好的是面层比较薄，并且具有较高强度的路面结构组合。

八、公路施工中改性沥青技术的要点

（一）做好原材料质量管控

原材料对于公路沥青路面施工质量至关重要，优化原材料管控才能将公路沥青路面施工质量水平提升。工作人员要根据相关技术指标合理选择施工材料。比如要尽量选择质量高的供料单位，加强跟踪管理材料生产，加强改性沥青混合料配合比的管控。在搅拌混合原材料阶段应当抽样分析原料，对混合料中矿料级配比、沥青与石料比例进行准确的把握，确保能够严格按照施工要求配置改性沥青材料。

（二）配合比的设计与试验

改性沥青制备的关键步骤之一就是合理设计配合比，其主要目的就是将各种用料使用量进行精准的控制，同时施工单位需要根据实际需求做好沥青用量的控制。在实验搅拌阶段需要对搅拌的温度进行严格的控制，保证均匀地搅拌，避免出现花白料等不良问题。在完成搅拌后，要通过试铺测试改性沥青的各项参数，如果无法满足工程建设需要则要重新进行调整，然后经过反复试验直到确定改性沥青的配合比能够达到施工标准要求，方可正式开展摊铺作业。

（三）改性沥青混合料运输控制

良好地控制改性沥青材料是保证改性沥青在公路工程中充分发挥其作用的基础。通常在供应改性沥青材料时要坚持就近原则，尽量将改性沥青运输的距离缩短，同时将使用效率提高，避免在运输过程中受到温度等外界因素的影响而出现改性沥青质量降低的情况。

除了关注运输的距离和时间，还要加强运输交通的考察，尽量选择平坦的运输道路。如果运输途中遇到坎坷的道路那么容易出现原材料浪费、质量降低等问题。在拌和原材料时要注意按照基本要求投放原材料，把握好原材料数量和最后成品，从而保证科学地完成原材料的制作。

（四）摊铺阶段与压实

通常改性沥青的温度要控制在 160～180℃之间，此范围是最佳摊铺和压实温度，如果温度比 140℃低那么改性沥青不适合进行摊铺作业。在改性沥青摊铺过程中，首先要注意缓慢匀速地控制摊铺速度，避免在摊铺过程中车辆突然改变速度或路线。如果需要停车要注意减速慢停，做好工程量、配套机械设备数量、工作效率、摊铺参数等各个方面的控制，确定好摊铺速度。其次，在改性沥青摊铺过程中需要注意对摊铺机运行速度、进料速度、分料器速度等进行严格的控制，从而避免出现离析问题，确保运输车辆能够和摊铺设备保持同步，保证连续地完成改性沥青材料的摊铺作业。此外，在压实改性沥青路面前注意避免在混合料上踩踏，不得将杂物堆放在改性沥青上。用压路机压实路面，冷却后方可使用。如果在摊铺或者碾压过程中出现雨雪等不良天气，需要将摊铺碾压作业暂停，避免雨雪天气影响改性沥青的性能以及工程施工质量。

（五）合理进行温度控制

温度也是影响改性沥青材料应用的一个关键因素。合理地把握公路工程改性沥青摊铺温度能够提升改性沥青应用性能，有助于优化路面施工质量水平。为此，工作人员在施工中需要利用温度测试设备加强监测运输材料、摊铺温度等方面的控制，保证能够高效地完成改性沥青施工。比如工作人员可以按照45min 一次的频率测试运输车料仓内卸下的改性沥青混合料，从而将改性沥青施工质量水平提升。

（六）对沥青面层接缝处理的施工

施工人员在处理改性沥青面层接缝时要注意严格遵守正确的施工工艺关

系，加强关注沥青面层接缝处的施工情况，保证平整、高密度地完成改性沥青面层接缝处理，确保接缝处理美观、密实，为碾压工作的顺利开展奠定基础。纵向接缝和横向接缝时沥青面层主要两种接缝形式，施工人员在施工中通常选用纵向接缝处理技术。当前我国大部分高速公路工程中采用热接缝技术进行改性沥青面层接缝的处理，但是这种施工方法受到一些条件的限制，如果无法使用那么可以选用冷接缝技术。热接缝技术在施工中很可能会出现混合料分离的问题，这就限制了热接缝技术的应用范围，所以，该技术在改性沥青面层处理中应用并没有得到大范围的推广。不同于热接缝技术，冷接缝技术是修复已经冷却成型后的沥青面层结合缝。冷接缝施工方式更加简单，工作操作更加便捷，同时相关工艺要求也较低，有助于质量控制，能够达到有效处理混合材料和沥青混凝土路面接缝的效果，所以，冷接缝技术已经成为当前公路工程改性沥青材料施工中常用的方式。

第二节　沥青混合料的技术性质

一、沥青混合料的结构组成

沥青混合料是一种复合式混合材料，主要成分包括沥青、各种粗细骨料、聚合物和矿物质粉等，影响沥青混合料施工质量的因素较多。沥青混合料的不同结构形式对沥青路面结构的施工质量影响也存在一定差异，悬浮—密实结构、骨架—空隙结构和骨架—密实结构是沥青混合料常见的结构形式。

二、沥青常规指标技术性质

（一）沥青针入度试验

沥青针入度是表征在某条件下其相对黏度的指标，反映着沥青的软硬程度和抵抗剪切变形的能力。而且，针入度是划分沥青标号的重要依据之一。按照《公路工程沥青及沥青混合料试验规程》（JTG E20—2011）中沥青针入度的测试方法，沥青针入度的测试条件是在水浴温度为 25℃ 的环境下，标准针在 100g 的荷重下 5s 内垂直刺入沥青试样，刺入的深度（以 0.1mm 为单位）即为沥青的针入度值。

（二）沥青软化点试验

沥青的软化点表征沥青的温度敏感性，它指沥青在不流动到流动状态的温度变化范围内，正好处于某一条件黏度时的温度。通常，沥青的软化点高，等黏温度也就高，说明此沥青的温度稳定性好。因此，沥青的软化点是表征沥青温度稳定性的一项重要指标。

根据《公路工程沥青及沥青混合料试验规程》（JTG E20—2011）中沥青软化点测试方法可知，环球法是我国现行的测量沥青软化点的标准方法。该方法是在内径（19 ± 0.1）mm 的铜环中注入沥青，在水温为 5℃的水中水浴 30min 后，放置一个质量为（3.5 ± 0.05）g 的钢球于铜环上，以（5 ± 0.5）℃/min 的速度加热液体。加热时沥青逐渐软化，直至无法承担钢球的荷重开始下沉，最后到规定的距离 24.5mm 时为止，此时液体的温度则为沥青的软化点值。

（三）沥青延度试验

沥青的延度是评价沥青塑性性能和松弛特性的重要指标，表示沥青在外部拉力作用下发生变形但不破坏的能力。沥青的延度大，则其塑性变形力和延长伸展性好。另外，延度也表征沥青的低温抗裂性能的一个重要指标，即延度越大，抗裂性能就越好。依据《公路工程沥青及沥青混合料试验规程》（JTG E20—2011）中沥青延度测试方法，该方法是在八字模具中注入沥青，自然冷却后，用刮刀依据模具的高度将沥青表面刮平。然后在一定温度下水浴一段时间后，开启延度仪，以 5cm/min 的速度进行拉伸，直至沥青试样断裂，记录此时拉伸的长度；此长度即为沥青的延度值。

（四）沥青 60℃动力黏度试验

在夏季，沥青路面的温度基本能够达到 60℃以上，60℃动力黏度即是一个表征沥青在高温下耐热性的指标。沥青的黏度大，则抵抗剪切变形的能力强，弹性恢复性能好，残留的永久变形小，最终路面的抗车辙能力强。

另外，沥青的黏度也大大影响着沥青与石料的黏附性，其一，沥青黏度大说明其分子量大，沥青酸和沥青酸酐含量变多，因而与石料的黏附作用更好；其二，黏度大的沥青与石料吸附后形成的沥青膜变厚，厚的沥青膜强度大，故而路面承受交通荷载的能力变强，因此黏度大的沥青黏附性也越好。

根据《公路工程沥青及沥青混合料试验规程》（JTG E20—2011）中沥青60℃动力黏度测试方法，60℃动力黏度测定仪器采用真空减压毛细管黏度计，真空度设为 40kPa，试验温度为 60℃。将沥青注入试管过程中，沥青不能粘在管壁上，最后沥青表面需处于毛细管 E 标线 ±2mm 之内。在实验过程中，测量沥青在毛细管中连续通过一对标线的间隔时间，最终根据所用毛细管的参数计算出沥青的动力黏度值。

三、沥青混合料配合比设计

集料方面，对于碎石和矿粉材料的选择，采取的是对石灰岩进行轧制的集料，经检验符合《公路工程集料试验规程》（JTG E42—2005）的相关规定要求。选用为常见的级配类型 AC-13、AC-20、SMA-13、OGFC-13。

（一）AC-13 沥青混合料

1. 级配类型

集料设计的重点考虑对象指的是粗集料和细集料，确定合适的配比，从而得到具体级配。具体至 AC-13 混合料中，与之相适应的合成级配详细信息如表 6-2 所示。

表 6-2 AC-13 合成级配

级配类型	筛孔尺寸 /mm									
AC-13	0.075	0.15	0.3	0.6	1.18	2.36	4.75	9.5	13.2	16
合成级配	6	8	12	16	24	35	57	82	98	100
级配上限	8	15	20	28	38	48	70	85	100	100
级配中值	6	10	14	19	27	37	53	78	94	100
级配下限	4	5	7	10	15	24	38	68	90	100

2. 沥青用量

中海 70 号基质沥青为基础，综合考虑合成级配情况，经分析后将沥青用量设为 4.6%，将其作为基准，确定 ±0.5% 和 ±1% 的浮动范围，从而得到五组马歇尔试件（区别在于各自的沥青用量不同），检测其性能指标，具体情况如表 6-3 所示。

表 6-3　AC-13 不同沥青用量混合料试验指标

沥青用量 /%	混合料的各项技术指标						
	毛体积密度 / (g·cm⁻³)	最大理论密度 / (g·cm⁻³)	VV/%	VWA/%	VFA/%	稳定度 / kN	流值 /mm
3.6	2.435	2.618	5.8	14.8	61.1	8.89	2.2
4.1	2.454	2.595	5.5	14.6	62.4	10.12	2.4
4.6	2.476	2.582	4.4	14.5	70.4	10.73	2.6
5.1	2.472	2.571	3.8	14.6	73.8	10.12	3.0
5.6	2.467	2.552	3.1	15.2	77.9	9.13	3.4
规范要求	-	-	4.6	≥13	65 ~ 75	≥8	1.5 ~ 4

（二）AC-20 沥青混合料

1. 级配类型

考虑 AC-20 型混合料的基本特性，为之创建级配曲线，具体内容如图 6-7 所示。

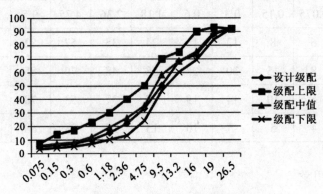

图 6-7　AC-20 合成级配曲线

2. 沥青用量

室内拌制混合料，在此条件下依据规范开展马歇尔试验，通过此途径得到最佳沥青用量的具体值，以 3.0% 的沥青用量为基准，依次向后递增 0.5% 直至达到 5.0%，按照此方式得到五组马歇尔试件，对其采取击实处理后再给予冷却处理，检验其温度情况，恢复至室温后脱模，最后检测性能，各项指标的实际表现如表 6-4 所示。

表 6-4 AC-20 不同沥青用量混合料试验指标

沥青用量 /%	混合料的各项技术指标						
	毛体积密度 / （g·cm⁻³）	最大理论密度 / （g·cm⁻³）	VV/%	VWA/%	VFA/%	稳定度 / kN	流值 /0.1mm
3.0	2.409	2.576	6.6	14.0	52.9	13.72	22.7
3.5	2.435	2.571	5.4	13.4	59.7	14.45	27.8
4.0	2.453	2.564	4.3	13.1	67.2	14.63	30.1
4.5	2.450	2.543	3.7	13.9	72.8	14.20	34.4
5.0	2.446	2.522	3.0	14.1	78.7	13.78	38.2
规范要求	–	–	3~6	≥13	65~75	≥8	15~40

根据所得结果分析 AC-20 混合料的性能，从而确定其最佳用量控制标准，具体为 4.3%。

（三）SMA-13 沥青混合料

1. 级配类型

关于 SMA-13 的性能分析，此处共采取 A、B、C 3 种级配，均选择的是规格为 4.75mm 的筛孔，可以得知各自的通过率依次为 24.1%、27.1%、30.0%。各自所选择的矿料级配方式存在差异，具体内容如表 6-5 所示。

表 6-5 级配组成

级配类型	通过下列筛孔（mm）的质量百分率（%）									
	16.0	13.2	9.5	4.75	2.36	1.18	0.6	0.3	0.15	0.075
级配 A	100.0	94.6	56.5	24.1	17.9	15.1	13.4	11.5	10.9	9.5
级配 B	100.0	94.8	59.3	27.1	20.6	17.4	15.2	12.9	12.0	10.4
级配 C	100.0	95.1	61.2	30.0	23.5	19.6	17.0	14.2	13.2	11.4
上限	100.0	100.0	75.0	34.0	26.0	24.0	20.1	16.0	15.0	12.0
下限	100.0	90.0	50.0	20.1	15.0	14.0	12.0	10.0	9.0	8.0

检测 VCADRC，对马歇尔试件采取双面击实处理，持续操作 75 次，检验 VCAmix，若该指标的实测值小于 VCADRC，并且还同时满足 VMA ≥ 17% 的条件，此时即可得到具体级配，详细信息如表 6-6、表 6-7 所示。

表 6-6　VCADRC 测试结果

级配类型	捣实容量 /（t·m⁻³）	4.75mm 通过百分率 /%	粗集料毛体积密度 /（g·cm⁻³）	粗集料骨架间隙率 VCADRC/%
级配 A	1.725	24.1	2.743	37.1
级配 B	1.695	27.1	2.743	38.2
级配 C	1.657	30.0	2.744	39.7

表 6-7　初试级配的体积分析

级配类型	沥青用量 /%	试件毛体积相对密度	计算理论最大相对密度	空隙率 VV/%	饱和度 VFA/%	矿料间隙率 VMA/%	粗集料间隙率 VCAmix/%
级配 A	6.0	2.388	2.522	5.3	70.6	18.3	34.0
级配 B	6.0	2.401	2.523	4.8	72.9	17.8	36.2
级配 C	6.0	2.425	2.524	4.0	76.9	17.1	38.1
要求	/	/	/	3～4	75～85	≥17.0	x≤VCADRC

2. 沥青用量

为控制标准，选择适量的玄武岩矿料，依然制作马歇尔试件并对其持续进行双面击实，按相同标准达到 75 次后，进一步开展稳定度试验，汇总检测所得的数据，具体如表 6-8 所示。

表 6-8　SMA-13 沥青混合料马歇尔实验结果

沥青用量 /%	毛体积密度 /（g·cm⁻³）	最大理论密度 /（g·cm⁻³）	VV/%	VFA/%	VMA/%	VCAmix/%	稳定度 /kN	流值 /0.1mm
5.7	2.410	2.535	5.0	71.2	17.4	38.6	9.75	28.9
6.0	2.424	2.523	4.0	76.6	17.1	38.2	10.86	2.5
6.3	2.439	2.514	3.0	82.2	16.8	37.9	9.64	35.2
规范要求	—	—	3～4	75～85	≥17.0	≤VCADRC	≥6.0	20～50

根据上述分析，在沥青用量为 6.0% 的条件下，可以得知其空隙率为 4.0%，除此之外诸如 VMA 等指标也都完全合规，因此 SMA-13 混合料中的沥青用量以 6.0% 为宜。

（四）OGFC-13 沥青混合料

1. 级配类型

OGFC 混合料的特点在于含有较大的空隙率，应用于道路中可提高排水降噪效果，因此成为中小型交通量路段施工的首选材料。经过性能检测后，确定级配方案。

2. 沥青用量

综合考虑既有工程经验，推测沥青的适宜用量为 4.5%，并选取 0.2% 的变化幅度，从而得到几种沥青用量控制标准，具体为 4.1%、4.3%、4.5%、4.7% 和 4.9%。在此基础上开展谢伦堡析漏试验，其间加强对析漏损失率的检测，分析实测值与沥青用量的关系并创建曲线图，形成两个转折点，分别于该处作切线，再准确判断切线的交点，其意义在于表征最佳沥青用量，具体为 4.6%，并进一步推算，得知孔隙率为 20.9%。

第三节　沥青材料及检测方法

一、沥青材料的基本概念

（一）石油沥青的组成

石油沥青是经原油减压蒸馏后的残渣加工制成的产品，是由各种烃及其衍生物组成的化学结构最复杂的混合物，可溶于三氯乙烯、甲苯等有机溶剂中。由于石油沥青的化学组成结构较复杂，若单独对其组成进行分析非常困难且无法直接反映出沥青性质的差异，因此通常按照化学成分中的理化性质对沥青进行组分分离。四组分分离法能很好地分析沥青的化学成分，该方法是将石油沥青经氧化铝柱层析分离为饱和分、芳香分、胶质及沥青质四个组分，即 SARA 法。沥青质是沥青中成分最复杂、最重的组分，含有大量的多环结构及杂环结构。沥青质是决定温度敏感性的必需组分，在石油沥青中含量最低，约占石油沥青的 12%。饱和分是柱层析过程中最先洗脱出来的可溶组分，主要由分子量小、极性低的直链烷烃化合物组成，软化点很低，黏度也很小，是四组分中最轻的组分，约占石油沥青的 14%，若其含量过多会降低胶体体系的芳香度。芳香分主要由带有烷基、环烷基等取代基的多环芳烃化合物组成，黏度介于饱和分与胶质之间，呈黄褐色，在石油沥青中含量最高，约占 50%，在胶体体系中赋予沥青流动性。胶质是柱层析过程中最后洗脱出来的可溶组分，主要是由带有极性基团的芳香环和杂环芳烃组成的复杂化合物，高温条件下可转化为高分子化合物，在石油沥青中含量仅次于芳香分，约为 23%，具有良好的黏滞性和塑性。

（二）石油沥青的应用分类

沥青是由各种烃及其衍生物组成的化学结构最复杂的混合物，广泛应用于涂料、塑料、建筑以及铺筑路面等领域。普通石油沥青由于蜡含量较高导致其塑性和黏度降低，因此，普通石油沥青难以满足工程需求，一般作为添加料与其他型号石油沥青、煤沥青混合使用，以达到工程要求。道路石油沥青常年受到阳光暴晒，雨水冲刷、风蚀等自然环境变化因素的影响，一般选择针入度大、黏性高、可塑性强、软化点高的石油沥青材料，这类石油沥青蜡含量低，胶质和沥青质含量较高。建筑石油沥青主要用于屋面及防水沟槽，一般选取的软化点比当地最高气温高 20 ～ 30℃为宜。近年来随着对沥青研究的不断深入，国外学者将沥青用于农业、林业等新兴行业。利用沥青的不透水性，将沥青乳化剂或沥青与肥料、农药混合后，喷洒到土壤表面，可以起到很好的效果。

（三）道路石油沥青的等级、标号及选择

1.道路石油沥青的等级与标号

根据当前的沥青使用状况及生产水平，按照技术性能将道路石油沥青分为 A、B、C 3 个等级。各个等级沥青的适用范围如表 6-9 所示。

表 6-9　道路石油沥青各个等级的适用范围

沥青等级	适用范围
A 级	各个等级的公路、市政道路，适用于任何场合和层次
B 级	①高速公路、一级公路沥青下面层及以下的层次，二级及二级以下公路的各个层次 ②市政道路的次干路及其以下道路面层 ③用作改性沥青、乳化沥青、改性乳化沥青、稀释沥青的基质沥青
C 级	三级及三级以下公路的各个层次

在各个沥青等级中，还需要根据具体的分级标准将其分为不同的标号。目前，国内外正在使用的沥青分级体系主要有针入度分级体系、黏度分级体系和性能分级体系三类。

我国目前采用针入度分级体系，按照25℃条件下沥青针入度范围的中值将沥青的标号分为30号、50号、70号、90号、110号、130号及160号7个标号，各沥青标号所对应的针入度范围如表6-10所示。

表6-10　沥青标号与针入度范围

沥青标号	160	130	110	90	70	50	30
针入度（0.1mm）（25℃，5s，100g）	140～200	120～140	100～120	80～100	60～80	40～60	20～40

2.道路石油沥青标号的选择

沥青路面采用的沥青标号，宜按照公路等级、气候条件、交通条件，路面类型及在结构层中的层位以及受力特点、施工方法等，结合当地的使用经验。经技术论证后确定。一般情况下，低标号沥青的针入度小、稠度大、黏度高、适用于夏季温度高、高温持续时间长等高温条件明显的地区，或重载交通、山区及丘陵区上坡路段、服务区、停车场等行车速度缓慢的路段。高标号的沥青针入度大稠度小、黏度低，适用于冬季寒冷的地区。

目前，对于我国沥青路面经常使用的热拌沥青混合料，大部分地区宜使用针入度50号及70号的沥青，只有在寒冷地区适用于90号沥青，110号沥青适用于中轻交通的公路上，130号和150号沥青除用于寒冷地区的中低等级公路外，通常用作乳化沥青、稀释沥青以及改性沥青的基质沥青。

二、沥青材料分析

（一）热分析技术

在沥青材料热分析技术中多使用差示扫描量热法（DSC）以及热重分析（TG）。通过差示扫描量热法能够研究沥青材料随温度的变化情况。在沥青材料内发生的物理化学变化的热量改变在DSC曲线上得以表现。当材料吸收热量越多，表明此温度范围中出现相态改变越多，材料结构改变程度也越大，从而宏观表现产生改变。TG是在设定温度下，通过热天平测量温度变化时材料的质量改变。由 TG 得到的数据可以绘制热重曲线图，同时将热重曲线图进行温度或时间的数学求导，就可以得到 DTG 曲线，它能表征热重曲线变化的快慢。沥青材料受热会导致轻质组分挥发分解，因此 TG 是根据受热过程材料的质量改变来对材料的组成和性能进行研究。

TG 可研究成分对沥青热稳定性的影响，通过测量沥青材料质量变化与温度或时间关系，获取有关材料特性及成分信息。DSC 测定沥青的吸热值、温度变化对沥青温度稳定性进行研究，TG 试验能对沥青材料、老化沥青的热分解过程中质量损失的温度范围与速率进行评价。

（二）傅立叶红外光谱技术

傅立叶红外光谱（FTIR）是沥青材料研究的重要方法，能够提供有关脂族、芳香族和氧合速率的信息。红外光谱是沥青中官能团在特定波长处吸收的能量图，每种化学键通过吸收光谱中的特征带来识别。表 6-11 中列出代表官能团 FTIR 吸收最大值。

表 6-11　沥青代表官能团的 FTIR 吸收最大值

官能团	波数（cm^{-1}）	种类	来源
—OH	3300	酒精 / 苯酚	自然物质
—CH	3000	芳香酚	自然物质
—CH$_2$	29202850	脂肪族	自然物质
—C（=O）—O—C	1780	酐	氧化产物
—C=O	1700	酮	氧化产物
—C=O（OH）	1650	羧酸	氧化产物
—C=C—	1600	芳香环	自然物质
—CH$_2$	1460	脂肪族	自然物质
—CH$_3$	1375	脂肪族	自然物质
—S—	690	硫化物	自然物质
—S=O	1030	亚砜	氧化产物
—（CH$_2$）n	745	脂肪链	自然物质

FTIR 光谱可用谱带面积比计算官能团浓度。

脂肪族官能团指数：$I_B = \dfrac{A1375}{A1460 + A1375}$

芳香官能团指数：$I_{Ar} = \dfrac{A1600}{\sum A}$

羰基官能团指数：$I_{C=0} = \dfrac{A1700}{\sum A}$

亚砜基官能团指数：$I_{C=0} = \dfrac{A1700}{\sum A}$

上式中，A 为沥青材料不同官能团峰面积，$\sum A$ 为范围内各种峰面积总和，可以依据不同官能团指数的变化推测相关物质在沥青材料中的变化。

（三）凝胶色谱技术

凝胶色谱技术（GPC）主要用来分离材料中不同分子量组分，通过分子量大小和含量多少结果来确定材料的分子量分布。沥青材料分子的差异使研究人员尝试使用凝胶渗透色谱法来分离这些组分。GPC 能够通过分子大小分离混合物的能力是一大优势。因此，GPC 可用于检测沥青变化，每个沥青色谱图都显示其特征形状，可以反映沥青材料的变化。

1. 沥青分子大小分级

GPC 响应表观分子大小，因此是获得沥青分子量分布的简单方法。GPC 在分子大小分布测量中不是获得分子量绝对值，而是确定表观分子大小，测量不同性质组成的沥青缔合度。溶剂功率对表观分子大小变化的影响可能带有沥青内部稳定性的信息。表 6-12 汇总了部分使用的色谱柱的型号及溶液配制浓度。

表 6-12　GPC 试验设置参数及载体溶液

作者	溶液	浓度分数	体积（mL）	流速（mL·min⁻¹）
Wahhab	四氢呋喃	0.05	0.1	1
Kim	四氢呋喃	0.0025	0.1	1
Lee	四氢呋喃	0.0025	——	1
Han	四氢呋喃	0.0025	0.05	1
Shen	四氢呋喃	——	——	1

利用 GPC 能够检测沥青的最值分子量、平均分子量及分子量分布。当沥青发生老化后，内部小分子会发生聚合等反应变为大分子，在沥青凝胶色谱 GPC 图上峰出现左移；而当向老化沥青中使用再生剂后，沥青中的小分子含量会增加，在沥青凝胶色谱图上峰出现右移；当沥青采用聚合物改性后，其分子量分布也会相应发生改变。

2. 沥青物理性质联系

沥青分子量分布是沥青性质差异的内在原因。Elseifi 研究了沥青在中低温下的变形性能，探讨分子组成与混合料之间的关系。努尔古丽通过 GPC 证明硬质沥青的分子量大小、分布宽度与其高温性能具有良好的相关性。利用沥青的 GPC 色谱图可预测沥青针入度、运动黏度等特性。现有研究关注针入度、软化点、黏度及车辙因子与沥青 GPC 结果之间的关系，以及老化与分子变化之间相关性。

（四）核磁共振技术

核磁共振（NMR）目前已用于有机化合物研究，能准确分析和芳香碳连接的氢与和饱和碳连接的氢。由谱峰可推导官能团的相对含量，因而用 NMR 来研究沥青材料化学结构的关键在能够区别和定量不同种类的 C 和 H。表 6-13 及表 6-14 列出了常见的核磁共振 1H 和 13C 谱的质子化学位移。

表 6-13　常见的核磁共振 1H 谱的质子化学位移

符号	化学位移（$\times 10^{-6}$）	质子类型
Hγ	0.5 ～ 1.0	芳环的 γ 氢、环烷甲基氢
Hβ	1.0 ～ 1.9	芳环的 β- 氢、环烷氢
Hα	1.9 ～ 4.5	芳环的 α- 亚甲基、α- 甲基
Hα1	1.9 ～ 2.6	芳环的 α- 亚甲基
Hα2	2.6 ～ 4.5	α- 甲基
HA	6.3 ～ 9.0	芳环氢

表 6-14　常见的核磁共振 13C 谱的质子化学位移

化学位移（$\times 10^{-6}$）	质子类型
170 ～ 150	被 OH 或烷氢基取代的芳碳原子
145 ～ 110	芳环碳原子

化学位移（$\times 10^{-6}$）	质子类型
40～80	取代 C—O 的碳原子
58～8	饱和碳原子

1. 沥青分子结构表征

拉姆齐（Ramsey）通过 1H 核磁共振（1H NMR）首次提出沥青的结构表征。此后哈桑（Hasan）提出结构化的分析方法来表征石油真空蒸馏残渣，西迪基（Siddiqui）对方法进行补充修改，在获取 NMR 光谱之前先对沥青进行了分馏。随着技术改进，开始扩大使用 1H NMR 光谱（有时用 13C NMR 光谱）和元素分析对沥青馏分或类似材料的结构进行表征，目的在于定义沥青的特性与道路工程中的沥青路面使用性能相关的指标。

2. 沥青老化分析

贺孟霜选取老化沥青进行 NMR 试验，根据芳环氢含量差异提出将 7.25×10^{-6} 附近的峰值看作沥青老化特征表现。西迪基结合 NMR 和 GPC 信息，提出沥青的可能结构和老化机理。冉龙飞采用基质沥青和 SBS 改性沥青进行多条件老化，发现老化会发生苯环氢取代反应，同时脂肪侧链的长度会变大。通过分析 NMR 图谱能得到沥青分子的结构参数、建立沥青分子微小单元，有助于进一步了解沥青化学成分结构。

（五）原子力显微镜技术

原子力显微镜（AFM）作为新兴研究技术，是一种拥有原子级分辨率的实验设备。AFM 可以用于探究各种不同的样品表面，用于分析样品表面在纳米级上的化学、物理或热力学性质。AFM 图像是基于高度的模拟图像，颜色变化反映表面形貌的相对高度。

1. 沥青微观结构分析

沥青表面的 AFM 图像是一种独特的"蜂"结构，最初仅用于"凝胶"沥青。研究表明，沥青具有与其化学成分和热历史有关的独特微观结构。蜂结构变化会影响沥青力学性质，进而影响其宏观性能。

2. 沥青微观性能分析

杨震使用 AFM 分析老化沥青性能，老化导致空间变化。Tarefder 使用

AFM 进行纳米级实验，测试基质沥青和聚合物（SB 和 SBS）改性的沥青内聚力的影响，聚合物改性沥青使沥青不易受水分损害。将 AFM 与其他高分辨率分析工具相结合，将为沥青的化学性质与其微观形态和性能联系起来提供一条途径，有利于开发不同的沥青材料的结构相关模型。

三、沥青材料检测中需要注意的问题

（一）针入度

针入度理解起来比较困难，是指标准针在规定的温度之下在 5s 之内贯入式样的深度，这里使用的针和针连杆组件再加上砝码的重量为 100g，这是分级指标，主要反映沥青黏稠度。通过测定 3 个或者是 3 个以上的温度条件之下的针入度并计算针入度的指数，来评价沥青对于温度是否敏感。这点对针入度的检测就比较简单，因为重复性和再现性得检测要求一般情况下都是可以实现的，因此，检测的可信度比较高。在现实生活中，标准针在使用的时候很容易碰到针尖，从而导致形状发生变化，从而影响检测的结果。因此，在实验室中应当多配置一些标准针，避免针尖发生碰撞之后没有可以替代使用的东西。

（二）延度

检测沥青的延度主要事先将沥青做成 "8" 字用来做备用材料，之后规定在一定的温度之下将其拉伸到断裂的长度。延度反应主要检测沥青材料的低温抗裂性。一般情况下，延度越高，沥青材料的可塑性也就越好，适应低温的能力也就越强。同时还可以直接反映出沥青低温性能的良好程度。沥青材料的延度检测规定以 15℃延度值作为判定的指标，10℃作为选择性指标。但是在选择原料的时候，因为在 15℃环境之下检测出来的延度可能会超过一些仪器测量的范围，导致沥青对于低温的耐受力下降。通常情况下，在 10℃以下检测出来的延度精准程度会更高一些。主要是因为沥青材料在 10℃的环境中，其延度会大大下降，这个时候对其进行检测就可以直接检测出沥青材料的好坏。

（三）软化点

任何的物质都有达到软化状态的温度值，主要是无定形的聚合物在加热的过程中出现变软的温度值。实践证明，沥青的软化点必须在复杂的条件之下出现黏度时候的温度，因此，软化点可以直接反映沥青高温性能的好坏。对于沥青材料的软化点检测规定当软化点低于 80℃的时候应当使用水槽法，而高于80℃的时候可以使用油浴法。但是在检测沥青的软化点的时候必须注意因为水与甘油的导热系数存在区别，介质密度的不同也会对沥青下降时候产生的阻力有所影响，从而出现不同的数值。一般情况之下，要想判断两个软化点在80℃附近样本质量的好坏，必须使用同一个方法才可以进行比较。

四、沥青材料检测使用的设备

（一）针入度仪

针入度仪是检测沥青针入度的一种设备，针入度仪器的针部分会在垂直运动的过程中不会与其他部分发生摩擦，因此针入度仪可以有效减少实验数据的不准确性。同时，针入度仪的精度必须满足1mm的要求，一旦精度达不到相关标准就停止使用此设备进行实验。

（二）延度仪

延度仪是检测沥青材料实验中最关键的设备，与针入度检测的方法不同，沥青材料检测对于延度仪的要求并不是特别高，而且可以保持实验温度的合格，保证在拉伸的过程中并不会出现明显的震动，符合此标准的延度仪才是合格的产品。如果试模是一个组合器件，这就说明试模需要有两个端模和两个侧模组成，使用黄铜制制作而成。

（三）沥青材料软化试验仪

沥青材料软化试验仪必须借助一些附属的配件，比如式样环、钢球以及钢球的定位和金属支架等最主要的部分。但是在这里，我们要应该注意耐热玻璃杯的容量问题，一般情况下，实验中使用的都是800mL左右。其他设备主要包括在实验中需要的设备：环夹和加热器皿等主要的实验器具。

五、沥青材料试验检测方法

（一）沥青试样准备方法

1.试验目的

为了使试验结果的代表性和准确性有所保障，在准备沥青的各项试验时要依据规范的试样制备方法。内容适用于某一类沥青样品，即试验只能在加热后进行，例如黏稠道路石油沥青、煤沥青等，按照这种方法准备的沥青具有一定的使用条件：立即在试验室进行的各项试验。

2.试验方法与步骤

①将恒温烘箱中放入装有试样的盛样器，石油沥青试样中可见水分时保持约80℃的烘箱温度，将所有沥青加热直至融化以供脱水用。90℃为石油沥青的软化点温度，石油沥青中水分消失后，烘箱的适宜温度约为135℃。不能采用电炉或煤气炉等对取来的沥青试样进行明火加热。

②当石油沥青试样中有水分时可以进行加热脱水，加热脱水的方式有两种：一种是在可控温的电热套、油浴、沙浴上直接放置盛样器，这种方式在实际操作中较为常见；另一种是在电炉、煤气炉上放置石棉垫后再放置盛样器，这种方式只有在不得已时才能使用。为了防止局部过热，在加热脱水的过程中应当运用玻璃棒轻轻搅拌，时间不得多于30min。

③运用0.6mm的滤筛对盛样器中的沥青进行过滤，并将其在各项试验模具中一次灌入，注意要立即进行，不能等其冷却。也可以在一个或数个沥青盛样器皿中加入试样，要求试样的数量满足实验项目所需并留出余量。

④在沥青灌模时，如果出现沥青温度下降的情况可以对其进行适当的加热，加热的方法就是将其放入烘箱中，为了防止沥青老化，对试验结果产生影响，这种加热不能多于两次。还有一点需要注意，在沥青灌模时对沥青进行反复的搅动可以防止气泡混入。

⑤应当立即清洗灌模剩余的沥青，不能在试验中二次利用。

（二）沥青密度与相对密度试验

1.试验目的

对各种沥青材料的密度与相对密度的测定一般采用比重瓶，测定沥青材料的密度与相对密度不仅可以为沥青混合料配合比设计提供必要的参数，还可以为沥青原材料质量与体积之间的换算提供参考。有资料表明：15℃是沥青密度测定的标准温度，在相同温度下，沥青与水的密度之比就是其相对密度。这种方法可以对15℃的密度进行测定，与相对密度（25℃/25℃）进行换算；还可以对相对密度（25℃/25℃）进行测定，与15℃的密度进行换算。可以通过公式6.1对密度和相对密度进行换算。

沥青与水的相对密度（25℃/25℃）＝沥青的密度（15℃）×0.996　　（6.1）

2.方法与步骤

（1）依次用洗液、水、蒸馏水对比重瓶进行仔细的洗涤，然后烘干、称重，得到 m_1，要求精确到整数。

（2）在恒温水槽中放入烧杯（盛有新煮沸并冷却的蒸馏水），一同保温，烧杯底要深入水槽100mm以上，烧杯口从水面露出，并在夹具作用下使其固牢。将温度计插入烧杯，然后在烧杯中放入比重瓶及瓶塞，还要满足一个条件，即烧杯中水的深度必须高于比重瓶顶部最少40mm。对温度进行调控，以规定的试验温度 ±0.1℃为标准来要求恒温水槽的温度和烧杯中蒸馏水的温度。

（3）烧杯中水温满足规定温度的要求后再保温30min，这时可以在瓶口塞入瓶塞，从瓶塞上的毛细孔中挤出多余的水。这里有一点需要注意，要将比重瓶内的气泡排出，比重瓶内不允许有气泡。从水槽中取出烧杯，再将比重瓶从烧杯中取出，立即用干净软布擦拭瓶塞顶部，再迅速将比重瓶外面的水分擦干，称重，得 m_2，精确到整数。在擦拭瓶塞顶部的动作只能进行一次，不管何种原因都不能对其进行二次擦拭。试验温度时比重瓶的水值是 m_2-m_1。

（4）液体沥青试样的试验步骤：运用0.6mm的滤筛对试样进行过滤，再将其放入干燥的比重瓶内，使其充满整个比重瓶，特别注意不要将气泡混入其中。在恒温水槽内盛有水的烧杯中加入盛有试样的比重瓶及瓶塞，瓶口要高于水面40mm左右，保证瓶内不会侵入水。烧杯内的水温上升到一定温度（也就是试验要求的温度）后，进行30min的保温，塞上瓶塞，从瓶塞的毛细孔中挤出多余的试样。将这些从毛细孔中挤出的试样用蘸有三氯乙烯的棉花仔细擦拭干净，并保证试样始终占据瓶塞的毛细孔。将比重瓶取出，将瓶外的水分或黏附的试样及时用干净软布擦除，对其质量进行称量，得到 m_3，精确到整数。

（5）黏稠沥青试样的试验步骤如下。

①石油沥青的估计软化点是100℃，煤沥青的估计软化点是50℃，加热沥青的温度应当以软化点为极限，不能超过软化点，将加热后的沥青注入比重瓶中，高度大约是比重瓶的2/3。注意瓶口或上方瓶壁不能有试样黏附，同时防止气泡混入。

②在干燥器中放置盛有试样的比重瓶，使其在室温下冷却，冷却时间必须在1h以上，然后对其进行称重（包含瓶塞），得到 m_4，精确到整数。将盛有蒸馏水的烧杯从水槽中取出，在比重瓶中注入蒸馏水，再连同瓶塞放入烧杯之中，待恒温水槽达到规定试验温度之后，将烧杯放回恒温水槽中，当烧杯中的水温上升至规定试验温度后对其进行大约30min的保温，在此期间，比重瓶中的气泡不断上升，待气泡到达水面时用细针将气泡挑除。水的体积稳定后，保温结束。

③确保比重瓶内无气泡并且温度恒定后，塞紧瓶塞，从塞孔中溢出多余的

107

水，这时应当注意不能让气泡进入比重瓶。保温 30min 后将比重瓶取出，按照之前的方法将瓶外的水分迅速揩干并进行称重，得到 m_5，精确到整数。

（6）固体沥青试样的试验步骤如下。

①如果进行试验之前试样的表面是潮湿的，可以先将其吹干，吹干的方式一般有两种：一种是运用干燥、清洁的空气；另一种是对其进行烘干处理，一般放置在 50℃ 的烘箱之中。打碎试样（取 50～100g），在 0.6mm 及 2.36mm 的滤筛中过滤使其密度保持在 0.6～2.36mm 之间，在清洁、干燥的比重瓶中放入过滤后的粉碎试样，一般不少于 5g，将瓶塞塞紧，对其质量进行称量，得到 m_6，精确到整数。

②将瓶塞取下，向比重瓶中注入恒温水槽内烧杯中的蒸馏水，要求水面超过试样 10mm 左右，与此同时，将少量 1% 洗衣粉、洗洁精等表面活性剂溶液加入比重瓶内，摇动比重瓶，使试样沉底、气泡逸出，但是不要用力过猛，将试样摇出。

③比重瓶中盛有试样和蒸馏水，将瓶塞取下，将其放置在真空干燥箱中抽真空，使其达到 98kPa 的真空度，如果仍然有气泡附在比重瓶试样表面上，可以将表面活性剂溶液滴入其中，在抽真空之前摇动比重瓶。如果遇到特殊情况可以反复操作这一步骤，直到气泡完全去除。

④比重瓶中加满保温烧杯中的蒸馏水，并将瓶塞轻轻塞好，再把它放入烧杯中（该烧杯盛有蒸馏水），并将瓶塞塞紧。在试验温度 ±0.1℃ 的恒温水槽中放入装有比重瓶的盛水烧杯，并保持 30min 以上，将比重瓶取出，把瓶外水分揩干，然后称量其质量，得出 m_7，精确到整数。

3. 试验结果计算

（1）在试验温度下，计算液体沥青试样的相对密度可以运用公式（6.2），计算液体沥青试样的密度可以运用公式（6.3）。

$$\gamma_b = \frac{m_3 - m_1}{m_2 - m_1} \qquad (6.2)$$

$$\rho_b = \frac{m_3 - m_1}{m_2 - m_1} \times \rho_w \qquad (6.3)$$

式中：γ_b——试验温度下试样的相对密度；

ρb——试样温度下试样的密度；

m_1——比重瓶质量；

m_2——比重瓶盛满水时与水的合计质量；

m_3——比重瓶盛满试样时与试样的合计质量；

ρ_w——水在试验温度下的密度。

（2）在试验温度下，计算黏稠沥青试样的相对密度可以运用公式（6.4），计算黏稠沥青试样的密度可以运用公式（6.5）。

$$\gamma_b = \frac{m_4 - m_1}{(m_2 - m_1) - (m_5 - m_4)} \tag{6.4}$$

$$\rho_b = \frac{m_4 - m_1}{(m_2 - m_1) - (m_5 - m_4)} \times \rho_w \tag{6.5}$$

式中：m_4——比重瓶与黏稠沥青试样的质量和；

m_5——比重瓶、试样、水的质量和；其他同上。

（3）在试验温度下，计算固体沥青试样的相对密度可以运用公式（6.6），计算固体沥青试样的密度可以运用公式（6.7）。

$$\gamma_b = \frac{m_6 - m_1}{(m_2 - m_1) - (m_7 - m_6)} \tag{6.6}$$

$$\rho_b = \frac{m_6 - m_1}{(m_2 - m_1) - (m_7 - m_6)} \times \rho_w \tag{6.7}$$

式中：m_6——比重瓶与固体沥青试样的质量和；

m_7——比重瓶、试样、水的质量和；其他同上。

4. 说明与注意问题

（1）应该对同一试样进行两次平行试验，对两次试验结果的差值进行分析，判断其差值是否满足重复性试验的精密度要求，如果满足，沥青密度的试验结果则取两次试验结果的平均值，并保留小数点后三位小数；如果不满足，则寻找原因，继续试验。试验温度应当在试验报告中明确标注。重复性试验和复现性试验对于不同类型的沥青的允许差不同，如表6-15所示。

表 6-15 沥青重复性试验与复现性试验的允许差

种类	重复性试验（g/cm³）	复现性试验（g/cm³）
黏稠石油沥青/液体沥青	0.003	0.007
固体沥青	0.019	0.02

（2）应当经常校正比重瓶的水值，一般来说，每年校正比重瓶水值的次数必须 ≥ 1。

（3）抽真空的速度要适当，不宜过快，防止比重瓶中的样品被带出。

（三）沥青针入度试验

1. 试验目的

测定针入度不仅能对不同沥青的黏稠性进行掌握，而且还可以划分沥青标号。针入度指数可以对温度敏感性进行描述。针入度指数的测定可以在多个温度条件下进行，例如 15℃、25℃、30℃等。在 30℃下测定针入度，如果数值太大可以选用其他温度代替，一般采用 5℃。对沥青的高温稳定性进行评价可以采用当量软化点 T800，它是指沥青针入度为 800 时的温度。对沥青的低温抗裂性能进行评价可以采用当量脆点 T1.2，它是指沥青针入度为 1.2 时的温度。

2. 试验方法与步骤

（1）在盛样皿中注入试样直到其高度高于预计针入度值 10mm。将盛样皿盖上，防止有灰尘落入。在 15℃～30℃室温中冷却盛有试样的盛样皿，将冷却后的盛样皿移入恒温水槽（规定试验温度 ±0.1℃）中，冷却时间和放置在恒温水槽的时间依据盛样皿的不同而有所差异，小盛样皿一般是 1～1.5h，大盛样皿一般是 1.5～2h，特殊盛样皿一般是 2～2.5h。将针入度仪调整至水平，对针连杆和导轨进行检查，确保没有水和其他外来物，确保没有出现明显的摩擦。对标准针进行清洗并擦干，清洗一般用三氯乙烯或其他溶剂，然后在针连杆中插入标准针，用螺丝固紧。按试验条件，加上附加砝码。

（2）在针入度仪的平台上放置盛有试样的平底玻璃皿，将针连杆缓缓放下，用适当位置的反光镜或灯光反射观察，使针尖恰好接触到试样表面。将刻度盘的拉杆拉下，使其轻轻接触针连杆的顶端，对刻度盘或深度指示器进行调节使其指向零刻度。打开秒表，当秒表指针正指向 5s 的瞬间，用手将针入度仪按钮压紧，使标准针自动下落贯入试样，经规定时间，停压按钮使针停止移动。

（3）将刻度盘拉杆下压使其接触到针连杆的顶端，读取刻度盘指针或位移指示器的读数，精确到小数点后一位。同一试样至少要做 3 次平行试验，各测试点之间的距离不能少于 10mm，各测试点与盛样皿边缘的距离也不能少于 10mm。每次试验后都应当在恒温水槽中放置盛有盛样皿的平底玻璃皿，保持平底玻璃皿中的水温与试验温度相等。每次试验的标准针都应当是干净的，可以换一根，也可以用蘸有三氯乙烯溶剂的棉花或布将标准针擦拭干净，再擦干。

（4）对针入度指数的 PI 进行测定时，分别在 15℃、25℃、30℃温度条件下对沥青的针入度进行测定，在特殊情况下，30℃可以用 5℃替换。

3. 试验结果确定和计算

（1）经过 3 次平行试验得出结果，从所得结果中取出最大值和最小值作差，然后与下列允许偏差范围进行对照，如果差值在该范围内，最终的试验结果则取 3 次平行试验的平均值，有一点需要注意，针入度试验结果应取整数，单位 0.1mm。

（2）相关计算，包括沥青针入度指数 PI 的计算、当量软化点的计算、当量脆点的计算三部分内容。

针入度温度指数 A_{lgPen} 的计算采用的是直线回归法，用 3 个以上的温度针入度按一元一次方程直线回归。

$$l_{gP} = A_{lgPen} \times T + K \qquad (6.8)$$

式中：A_{lgPen}——针入度对温度感应系数，即直线回归所得斜率；

l_{gP}——不同温度条件下测得的针入度值的对数；

T——试验温度；

K——直线回归所得截距。

针入度指数 P_I（P_{lgPen}）的计算依据的是上述直线回归所得的 A_{lgPen}。

$$P_{lgPen} = \frac{20 - 500 A_{lgPen}}{1 + 50 A_{lgPen}} \qquad (6.9)$$

沥青的当量软化点 T_{800} 计算。

$$T_{800} = \frac{\lg 800 - K}{A_{lgPen}} = \frac{2.9031 - K}{A_{lgPen}} \qquad (6.10)$$

沥青的当量脆点 $T_{1.2}$ 计算。

$$\rho_b = \frac{m_3 - m_1}{m_2 - m_1} \times \rho_w \qquad (6.11)$$

4. 说明与注意问题

（1）在针入度试验中，温度、测试时间和针的质量是三项较为关键的试验条件，如果不能严格控制这三项试验条件，将会对试验结果的准确性产生严重的影响。在针入度试验中，温度一般控制在 25℃，测试时间一般控制在 5s，针的质量一般控制在 100g。

（2）在对沥青试样进行测定时，如果该试样的针入度值大于 200，在测定过程中使用标准针的数量至少是 3 支，每次试验后不将试样中的针取出，直到完成 3 次平行试验之后，再取出标准针。

（3）判断试验结果是否满足重复性试验和复现性试验的允许差规定，对照数据如表 6-16 所示。

表 6-16　试验结果与试验允许差对照

试验结果	重复性试验的允许差	复现性试验的允许差
< 50（0.1mm）	2（0.1mm）	4（0.1mm）
≥ 50（0.1mm）	平均值的 4%	平均值的 8%

（四）沥青蒸发损失试验

1. 试验目的

沥青蒸发损失试验主要是对石油沥青材料的相关指标进行测定，主要包括石油沥青材料的蒸发损失、石油沥青材料蒸发损失后的残留物的针入度、在原试样针入度中石油沥青材料蒸发损失后的残留物针入度所占的百分率、沥青残留物的软化点、沥青残留物的延点等，从而对沥青受热时性质的变化进行评定，验证中、轻交通道路石油沥青的抗老化能力。

2. 方法与步骤

①将盛样皿清洗干净并放置干燥后，对其进行称量，得到质量 m_0，精确到整数。然后将质量约为 50g ± 0.5g 的沥青试样缓缓倒入两个盛样皿中，待试样冷却至室温之后，对试样和盛样皿的总质量进行称量，得到 m_1，精确到整数。

②调整烘箱至水平，让转盘在水平面上保持旋转状态；在转盘上方距离转

盘边缘内侧20mm处挂上温度计，转盘顶面以上6mm处可以看到水银球的底部；将烘箱的上下气孔打开，并进行加热使温度保持在 163 ± 1℃。

③等待温度恒定之后，在烘箱内的转盘上放置两个已盛试样的盛样皿，将烘箱门关闭（操作的整个过程要迅速），温度回升到162℃后开始计时5h（在这个时间内温度不能超过163℃）。需要注意的是从开始到结束整个过程的时间上限是5.25h。加热结束后将盛样皿取出，在室温下冷却，确保盛样皿在冷却过程中不能落入灰尘，最后对其进行称重，得到 m_2，精确到整数。

④在加热炉具上放置盛样皿，缓慢加热使沥青熔化，用玻璃棒将熔化的沥青上下搅匀；并依据针入度试验法规定的步骤对加热后残留物的针入度进行测定。如果在针入度试验中，试样的数量难以达到要求，这时就需要增加试样皿的数量，在规定的试样皿中进行合并后，再进行试验。

3. 试验结果计算

①按照公式6.12来计算沥青试样蒸发损失百分率，在沥青蒸发试验后，沥青试样的质量减少则为负值，沥青试样的质量增加时则为正值。

$$L_b = \frac{m_2 - m_1}{m_1 - m_0} \times 100 \qquad （6.12）$$

式中：L_b——试样的蒸发损失；

m_0——盛样皿质量，g；

m_1——盛样皿与试样在加热之前的质量和，g；

m_2——盛样皿与试样在加热之后的质量和，g。

②计算原试样针入度中试样蒸发残留物的针入度所占的百分率可以采用公式6.13。

$$K_p = \frac{p_2}{p_1} \times 100 \qquad （6.13）$$

式中：K_p——针入度比；

p_1——原试样的针入度；

p_2——蒸发损失后残留物的针入度。

③同一试样要进行两次平行试验，以重复性试验的精密度要求为标准，判断两个盛样皿的蒸发损失百分率之差是否符合该标准，在符合该标准的条件下可以将两次平行试验结果的平均值作为该试验的试验结果，精确到0.01。

4. 说明与注意问题

①沥青蒸发损失试验可能会出现计算结果为正值的情况，也可能会出现计算结果为负值的情况，当计算结果为正值时，说明沥青试样在加热的过程中没有损失，反而增加了，究其原因，可能是沥青在高温条件将空气中的某些物质吸附了。

②判断蒸发损失是否满足重复性试验和复现性试验的允许差规定，对照数据如表 6-17 所示。

表 6-17　蒸发损失与试验允许差对照

蒸发损失	重复性试验的允许差	复现性试验的允许差
< 0.5%	0.10%	0.20%
≥ 0.5%	0.20%	0.40%

③与针入度试验的规定相同，残留物针入度的精密度不满足要求时，试样应当重新进行。

④一般不宜将不同品种或标号的沥青同时放进一个烘箱中同时试验。

（五）沥青薄膜加热试验

1. 试验目的

沥青薄膜加热试验主要是对加热之后的重交通道路石油沥青薄膜的质量损失进行的测定，并结合实际需要，对加热后薄膜残留物的针入度、软化点等性质的变化进行测定，从而对沥青的耐老化性能进行判定。

2. 试验方法与步骤

①将盛样皿洗净、烘干，待其完全冷却后对其进行编号，然后对其质量进行称量，得到 m_0，准确至 1mg。将沥青试样（质量一般在 50g ± 0.5g）分别注入 4 个已称质量的盛样皿中，使沥青形成具有均匀厚度的薄膜，将其放入干燥器中，待冷却至室温后，对其质量进行称量，得到 m_1，准确至 1mg。与此同时，依据规定方法对沥青试样薄膜加热试验前的性质进行测定，包括其黏度、脆点、针入度等。预计沥青数量难以满足试验项目需要时，可适当增加盛样皿的数目，但是不允许在同一烘箱中放入不同品种或标号的沥青进行试验。[1]

②在转盘轴上垂直悬挂温度计使其位于转盘中心，转盘顶面以上 6mm 处可以看到水银球，并加热烘箱使其保持 163℃ ±1℃。调整烘箱至水平，使转

① 田文玉. 建筑材料质量控制与检测 [M]. 重庆：重庆大学出版社，2006.

盘在水面上旋转，旋转速度为 5.5r/min ± 1r/min，转盘与水平面倾斜角 ≤ 3°，温度计与转盘中心的距离应等于温度计与边缘的距离。

③在恒温 163℃的烘箱内的转盘上放置盛样皿，再将烘箱门关上，将转盘架打开，操作的整个过程要迅速。温度回升到 162℃后开始计时 5h（在这个时间内保持温度 163℃ ± 1℃）。需要注意的是从开始到结束整个过程的时间上限是 5.25h。

④结束加热后将盛样皿取出，将其放入干燥器中，待其冷却至室温后，随机称取其中任意两个盛样皿，得到 m_2，准确至 1mg。有一点需要注意，不论是否测定盛样皿的质量损失，都应该对盛样皿进行冷却处理。

3. 试验结果计算

①计算沥青薄膜试验后质量损失可以采用公式 6.14，精确至 0.1，计算结果为负值代表质量损失，计算结果为正值代表质量增加。

$$L_T = \frac{m_2 - m_1}{m_1 - m_0} \times 100 \qquad (6.14)$$

式中：L_T——试样薄膜加热质量损失；

m_0——试样皿质量，g；

m_1——盛样皿与试样在薄膜烘箱加热之前的质量和，g；

m_2——盛样皿与试样在薄膜烘箱加热之后的质量和，g。

②沥青薄膜烘箱试验后，计算试样薄膜加热后残留物针入度比可以采用公式 6.15，也就是残留物针入度与原试样针入度的比值。

$$K_p = \frac{p_2}{p_1} \times 100 \qquad (6.15)$$

式中：K_p——试样薄膜加热后残留物针入度比；

p_1——薄膜加热试验前原试样的针入度；

p_2——薄膜加热试验后残留物的针入度。

③计算沥青薄膜加热试验的残留物软化点增值可以采用公式 6.16。

$$\Delta T = T_2 - T_1 \qquad (6.16)$$

式中：ΔT——试验后软化点增值；

T_1——试验前软化点；

T_2——试验后软化点。

第四节　沥青混合料及检测方法

一、沥青混合料的性能

（一）高温稳定性

沥青混合料是一种典型的材料，它具有黏性、弹性和塑性，随着温度的变化，沥青混合料的承载能力或模量也发生了改变，沥青混合料的承载力与温度之间呈现负相关。在高温条件下，沥青混合料会出现明显的变形；在长时间承受荷载作用时，沥青混合料也会出现明显的变形，其中有一部分变形不可恢复，时间久了自然就积累成了车辙，或者在路面上表现为波浪和拥包的形式。所谓的高温稳定性是指沥青混合料在高温条件下可以对车辆的反复作用进行抵抗，抑制永久变形的产生，使沥青路面平整的特性得到保护。

（二）抗滑性

在速度很高的高速公路上，抗滑性的优越性更加凸显，因此，必须要保证沥青路面的抗滑性。

影响沥青路面抗滑性的因素有很多，包括矿料自身、抗磨光性、颗粒形状与尺寸等。正因如此，应当选择碎石或破碎的碎砾石集料用于沥青路面表层的粗集料，这些碎石或破碎的碎砾石集料不仅要表面粗糙、抗冲击好，而且坚硬、耐磨、磨光值大。与此同时，沥青用量也极大地影响了抗滑性，超过最佳用量0.5%的沥青用量就会显著地降低沥青路面的抗滑性指标，所以要严格控制沥青路面表层的沥青用量。

二、沥青混合料检测要点

（一）科学选择材料

确保沥青混合料试验检测工作有序进行。为了确保工程质量，必须严把原材料各项指标，经检测符合规范规定的要求后方能进场，这就要求检测人员需要对工程周围环境进行有效分析，科学选择材料，全面开展试验检测工作，确保各项原材料技术指标符合规范和设计文件要求。

（二）开展标准试验

因为高速公路的等级比较高，沥青混合料配合比必须外委给具有甲级资质的试验室进行试验并出具检测报告，对于检测人员而言，材料取样的代表性非常重要，如果集料离析，它对沥青混合料的矿料级配影响很大，因此取的送检的样品必须具有代表性，我们要合理规范取样，才能很好地指导施工。

（三）进行科学验证

检测人员需要根据公路沥青混合料组成，对各项试验数据进行合理分析，并进行科学验证，确保材料质量满足工程建设施工需求。检测人员要重点对外委的沥青混合料配合比做验证，检测沥青混合料各项指标是否满足设计要求。

（四）开展抽样试验检测

结合公路工程沥青混合料试验检测工作开展现状能够得知，检测人员通过进行抽样试验检测，能够进一步提升各项试验检测数据的精确性与规范性。公路对沥青混合料试验检测工作提出更高要求，通过开展抽样试验检测工作，检测人员可以快速找到材料隐藏的问题，并采取有效的处理对策，更好地满足公路工程施工要求。

三、沥青混合料的试验检测技术

（一）沥青混合料取样

公路沥青混合料在试验检测前首先要取样。为了使样品具有较强的代表性，通常直接取施工现场准备施工的热拌沥青混合料作为样品。试验要保证取样充足且不造成浪费，通常取样以试验计算用量的 2.5 倍为宜，用于仲裁试验时应多留一些备用样，对于用于平行试验的取样则还要求在普通试验的基础上加倍，如表 6-18 所示。

表 6-18　常用沥青混合料试验项目的样品数量

试验名称	试验目的	最少试样量 /kg	推荐取样量 /kg
马歇尔试验、抽提筛分	施工质量检验	12	20
车辙试验	高温稳定性检验	40	60
浸水马歇尔试验	水稳定性检验	12	20
冻融劈裂试验	水稳定性检验	12	20
弯曲试验	低温性能检验	15	25

（二）密度试验

测量沥青混合料密度试验前要做好准备工作：①用洗液和蒸馏水将比重瓶洗干净后，用烘箱烘干比重瓶；②将装有蒸馏水的烧杯放入恒温水槽中并插入温度计；③控制恒温水槽和烧杯中的温度与试验温度不超过 0.1℃。完成上述步骤后，根据规范要求测量比重瓶的水值，沥青混合料主要有液体沥青试样、黏稠沥青试样和固体沥青试样，不同形态的试验密度会存在较大差异，试验时要严格按照各种形态的试样进行试验操作。密度试验需要平行测试 2 次，取平均值作为试验代表值，一般要求试验的密度精确到小数点后 3 位。

（三）马歇尔试验

马歇尔试验是检测沥青混合料施工质量和水稳定性最重要的一项检测技术，试验需要使用专用的马歇尔试验仪器，试验还需要使用恒温水槽、真空饱水容器、烘箱和电子天平等设备。

马歇尔试验在试验前需要做好必要的准备工作，包括用标准击实法击压成型的马歇尔试件，一般每组 6 个。然后测量每组的试件，根据沥青混合料的试验规程要求，试件的直径需要控制在 101.4 ～ 101.8mm，高度控制在 62.2 ～ 64.8mm，当两侧高度差超过 2mm 时，该试件需要作废处理，然后控制恒温水槽的温度保持不变。保持 45 ～ 55mm/min 的速度加载标准试件，最后记录分析试件的稳定度和流值。试验测量出试件所能承受的最大荷载就是马歇尔稳定度，最大荷载对应的竖向变形就是试件的流值。

（四）单轴压缩试验

单轴压缩试验主要是一种用来检验热拌沥青混合料的抗压回弹模量和抗压强度的重要技术。试验开始前首先要制作若干个直径为 100mm、高度也为 100mm 的标准沥青混合料试件，在标准温度 20℃条件下用万能材料试验机控制 2mm/min 的加载速率直至破坏。沥青混凝土试件的抗压强度计算公式如式 6.17 所示。

$$R_c = \frac{4P}{\pi d^2} \qquad (6.17)$$

式中：R_c——试件的抗压强度，MPa；

P——试件破坏时的最大荷载，N；

d——试件的直径，mm。

为了保证数据的有效性，单个试件的测定值和平均值之差不得大于表 6-19 规定的标准差 k 倍时，否则该试件数据应该作废处理。

表 6-19 有效试件数 n 与保证率系数 t 的关系

有效试件数 n	临界值 k	$t/\sqrt{n}$ false	
		保证率 95%	保证率 90%
3	1.15	1.686	1.089
4	1.46	1.177	0.819
5	1.67	0.954	0.686
6	1.82	0.823	0.603
7	1.94	0.734	0.544
8	2.03	0.670	0.500
9	2.11	0.620	0.466
10	2.18	0.580	0.437

路面抗压回弹模量的设计值 E 与实测的路面抗压回弹模量 E' 之间的关系式如式（6.18）所示。

$$E = E' - \frac{t}{\sqrt{n}} \times s \qquad （6.18）$$

式中：E——路面抗压回弹模量设计值，MPa；

E'——实测试件抗压回弹模量平均值，MPa；

t——随保证率变动的系数，高速公路取 95%，其他公路取 90%；

n——有效试件个数；

s——实测抗压回弹模量的标准差，MPa。

（五）劈裂试验

沥青混合料的劈裂试验主要是用来测量弹性阶段的力学性质，也可以作为评价沥青混凝土路面低温抗裂性能的重要指标。当用来检测弹性阶段的力学性能时，加载速率需保持 50mm/min，然后根据实验要求按照不同的试验温度选取沥青混合料的泊松比 μ，如表 6-20 所示。当用来评价沥青混合料的低温抗裂性能时，需要保持 -10℃，加载速率为 1mm/min。

表 6-20　试验温度与泊松比 μ 的关系

试验温度 /℃	泊松比 μ
≤10	0.25
15	0.30
20	0.35
25	0.40
30	0.45

（六）车辙试验

沥青混凝土公路在夏天太阳暴晒的情况下温度可能会超过 60℃，因此对其进行车辙试验检验其高温稳定性是十分重要的。试验前需要制作好标准试件（30cm×30cm×50cm），然后控制恒定温度进行试验，一般在寒冷地区温度控制在 45℃，一般不特别说明控制温度在 60℃即可，高温条件下温度可以控制在 70℃。然后以 0.7MPa 轮胎压力在其上行走，测量试件每增加 1mm 变形需要行走的次数。

四、沥青混合料的试验检测内容

（一）结构体积试验检测

当前时期，试验检测人员采取马歇尔试验，对沥青混合料的结构体积进行全面检测，根据高速公路项目混合料特点可以得知，在检测材料结构体系的过程之中，通过运用此种检测方式，可以更好地提升混合料的均匀性，同时，施工单位需要加大混合料拌和控制力度，在保证沥青混合料结构体系符合施工要求的基础上，充分发挥出沥青混合料的使用性能。

对于试验检测人员来讲，通过合理选择各项试件，能够确保最终的检测数据更为准确，明显减少试验误差的出现。在实际试验的过程之中，要求检测人员恒温环境下选择试件，并有序开展后续检测工作，不断提高各项检测数据的规范性与精确性。

（二）密度试验检测要点

在对沥青混合料进行密度检测时，要求检测人员按照以下流程进行。

①采取钻芯取样的方法，合理选择试验样品。通过在高速公路沥青路面某

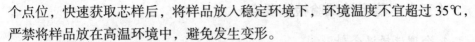

个点位，快速获取芯样后，将样品放入稳定环境下，环境温度不宜超过35℃，严禁将样品放在高温环境中，避免发生变形。

②合理选用浸水天平，要求试验检测人员结合芯样特点，有针对性地选用浸水天平，并确保芯样的质量满足标准要求，不断提高最终检测结果的准确性。

③保持芯样表面清洁。试验检测人员需要将芯样放在干燥状态之下，并做好清洁工作，确保芯样质量符合标准规定要求。

④缓慢地将芯样自水箱之中取出，并使用抹布擦净，进行二次称量，详细记录下芯样质量。

⑤根据以上各项数据，计算出芯样的相对密度，以及体积密度，并和相关规范要求进行对比，若发现芯样体积密度与相对密度不符合规定要求，要立即通知施工单位进行有效处理。

（三）低温性能试验检测要点

根据沥青混合料试验检测特点可以得知，因为混合料对外界环境温度较为敏感，混合料的各项性能受到外部温度影响比较大，若外界环境温度过低，混合料的施工强度会显著提高，但是其变形性能会不断下降，容易发生脆性破坏现象。通过开展低温性能试验检测，能够有效判断沥青混合料在低温环境下其弯曲破坏性能是否符合要求。一般来讲，此项试验要在 -10℃下开展，检测人员通过对混合料的低温抗裂性能进行科学评估，可以确保沥青路面稳定运行，减小外部低温环境所带来的不利影响。

（四）高温稳定性试验检测要点

在检测沥青混合料高温稳定性的过程当中，检测人员主要采取车辙试验，检测流程如下。

①检测人员要进行科学筛分，进一步明确公路项目中沥青混合料的各项级配，并准确计算出混合料内部粗骨料和细骨料表观密度。

②检测人员结合自身以往的检测经验，确定出沥青混合料配合比，对于车辙试件，进行合理的切割，从而计算出试件的孔隙率指标数值。在试验检测工作之中，检测人员还要科学控制具体的碾压次数，如果混合料的孔隙率超过7.0%，则能够确定出最佳碾压次数。

③通过进行多次碾压，能够形成较为稳定的车辙试件，检测人员可以开展车辙试验，进而准确计算出各项结果。若该车辙试件发生较大变形，同时试件的蠕变率较小，则代表该沥青混合料的抗车辙性能比较差，不满足规定标准要求，施工单位需要立即更换。

（五）水稳定性试验检测要点

1. 合理选择混合料

SBS 改性沥青混合料 AC-13、AC-20 较为常见，通过采用此种类型的沥青混合料，能够帮助检测人员进一步了解材料结构特点，从而准确判断出混合料的水稳定性能是否满足施工需求。

2. 开展浸水车辙试验

通过对车辙深度与动稳定度进行全面检测，并在此基础上，对沥青混合料的稳定性能进行评价。在试验过程之中，要求试验人员严格控制试验温度，一般来讲，试验温度不宜超过 60℃，试验时间不宜超出 10h，检测人员可以将试验件放入恒温为 60℃的水箱当中，保温 10h 后拿出，计算出各项试验数据。

3. 对最终的试验检测结果进行统计

通过对各项试验数据进行科学统计，能够有效判断沥青混合料质量是否达到标准，若公路沥青混合料水稳定性不满足规定要求，检测人员要立即通知施工单位采取科学措施处理，不断提高公路的总体质量。

第七章　道路工程质量检验评定

道路作为主要的交通方式，在经济发展、社会进步等方面扮演着重要的角色，它的重要性是不言而喻的。但是，最近几年有很多道路在贯通不久就会出现一些质量问题，比如路面断裂、松散和剥落等，这些问题的出现会对道路的使用造成极大的不便，也会因此缩短市政公路的使用年限。所以就要在施工过程中对道路的质量进行检测和相应的控制，这是有效预防此类事件发生的一个重要举措。本章分为公路工程质量检验评定方法、路基工程质量检验评定方法、路面工程质量检验评定方法、水泥混凝土面层质量评定、沥青混凝土面层质量评定五部分。

第一节　公路工程质量检验评定

一、公路工程质量检验现状

（一）检测结果的准确性、时效性有待提升

目前公路工程项目在规划和建设时，试验检测工作在其中的整体实施效果并不是很理想，存在问题比较严重，特别是在试验结果方面，无法保证结果的准确性、时效性。虽然目前在公路试验检测工作展开中，可以引进和利用高新技术手段，但是仍然存在试验检测结果不准确、不及时等问题。基于此，相关部门要采取有针对性的对策，从多个角度出发，对现有试验检测工作进行不断改革和创新，打破传统试验检测模式，以此来推动现代化公路的建设和发展。

（二）检测机制有待完善

公路试验检测中，由于受到传统思想观念的影响，并没有在实践中形成完善、有效的试验检测机制。由于目前缺少完善的检测机制，最终导致的结果是公路试验检测工作很难实现稳定、长期的开展。只有保证检测机制的完整性、

可靠性，才能够为我国公路试验检测工作的全面有序开展提供保证。如果在实践中无法保证检测机制自身职能作用的发挥，那么很有可能会直接影响试验检测结果的准确性。检测机制的完善和优化，有利于为检测人员提供可靠的依据作为参考，同时实现对专业设备稳定、合理的调配，在强制性机制下，保证公路试验检测工作的高质量实施，以此来为公路整体施工质量提供保证。公路试验检测中，要体现出其自身长期性的特征，对现有机制进行不断完善和优化，以此来保证各部门能够处于相对比较稳定的状态，促使试验检测工作能够长效实施。

二、公路工程质量检验的对象

（一）结构工程的混凝土

公路试验检测工作在施工质量管理和控制中至关重要，由于试验检测对象具有多样性特征，混凝土控制就是其中非常重要的一部分。在混凝土控制前期，要对混凝土技术、设备等进行有效检测。混凝土前期准备是整个项目建设中非常重要的一部分，同时也是试验检测中的重点内容。在混凝土试压时，要对高度进行灵活调整，根据实际情况对设备进行调整和切换。混凝土试压的根本目的是对抽检部位的施工质量进行评价和确认，直接反映结构实体部位的质量。生产拌制混凝土，应严格按照配合比施工，根据现场材料的情况及时调整施工配合比，要严格按照规范化要求，对混凝土工作性和强度做好检测，根据现场实际，对应制备同条件养护和标准养护试件，严格控制养护条件，排除人为、设备等多种因素影响，确保混凝土工程实体质量全面可控。

（二）路基工程压实度

对于路基工程，压实度检测是其施工过程中检测的关键项目，该指标反映路基工程施工中的重要性。检测人员应严格执行规范要求，现场合理布置检测点位，确保检测结果的代表性，能实际反馈路基压实质量。压实度一般是指现场实际到达的密度与室内标准密度之间的比值，应根据路基填料类型、不同的粒径和碾压层厚来选定合适灌砂筒，目前公路压实度试验检测中，以直径为15cm 和 20cm 的灌砂筒为主。

以某地区在建高速公路采用粗粒土为填料的路基松铺厚度约 30cm、压实厚度约 20cm 的压实度检测结果为分析对象，在同一路段选定相近位置分别采用 15cm 和 20cm 灌砂筒检测压实度，试验数据表明同一测点采用小筒检测结果比大筒结果偏大，符合路基机械压实规律和特征。因此，压实度试验过程中对于灌砂筒直径的选择除考虑填料粒径、类型外，还应考虑压实层厚度这一关键因素，其直径尽量接近单层填筑压实厚度，以减小试验结果偏差。

（三）其他试验

公路在试验检测工作展开中，并不只是单纯地对现有数据信息进行分析，而且还会涉及硬件设备控制等，比如钢筋试验控制。在试验检测中，要加强对各环节的重视程度，无论是在硬件、软件等方面，要由专业人员进行分析之后，才能够编制符合现实要求的检测实施方案。钢筋质量控制是公路试验检测中最为关键的环节之一，确保试验过程的规范性、数据的准确性非常重要。科学制订检测计划，同时建立健全台账制度，促使工作人员高质量完成试验检测等相关工作。

三、公路工程质量检验的内容

（一）材料的检测

公路工程施工材料的检测，主要包含水泥、砂石、沥青、钢材等。对材料进行检测时，要严格按照国家标准进行规范检测。除此之外，还要检测材料进厂前的合格证和质量证明，材料进厂之后，需要对其进行进一步的检测。只有完成这一系列的工序，才能确保材料正常运用于公路工程施工过程中。

（二）试验检测的标准

公路工程施工过程中的材料配比是有一定标准的，所以试验检测的过程中，要将施工过程中的材料配比和标准进行对比。主要是为了检测公路工程的使用性能和应用的标准，只有符合了标准，该公路才能被使用。公路工程的路基填土也是需要实验的，一般都是通过重型击实验的方法，检测其密度和含水量，判断路基填土是否符合公路工程的施工标准。水泥混凝土也是需要检测的，主要是检测混凝土的强度和保水性，在这个过程中，最重要的是要检测其中是否有添加剂。只有沥青混合的配料都符合表现，才能在公路工程施工中使用。

（三）跟踪检测

通常跟踪检测的对象都是中心道路，还有桥梁等建筑物，主要是为了检测中心线是否偏移，如果发现中心线偏移的情况，还要对轴线的实际位置和偏移的量进行检测。与此同时，还可以对承载能力的大小进行检验，检验的方法可以通过回弹弯沉值,回弹弯沉值越小,承载的能力就越大。在检测混凝土的时候,要检查其抗压能力。合理控制负载的加速度,速度不能太快也不能太慢。最后要合理处理测定的值,检验沥青中配料的沥青含量和石油比,检测结果就是公路工程施工质量的判定依据。

四、公路工程质量检测技术

(一)和易性试验检测

1. 检测方法

混凝土的和易性是一项较为重要的指标,可以通过坍落度试验仪对和易性进行检测。具体的操作要点如下。

①在试验开始前,应先用清水对坍落度筒进行全面清洗,然后使用吸水的棉布将筒内残留的水擦拭干净。随后用洁净的水将装混凝土拌和物的钢板润湿,再将洁净的坍落度筒放置在平板上,确保筒体牢固后,用小铲取具有代表性的混凝土拌和物装入筒内。取料可以分 3 次进行,每次的取料量控制在坍落度筒高度的 1/3 左右,当料装满后,可以使用振捣棒,通过垂直下压的方法,对筒内的混凝土拌和物进行振捣密实,以 25 次为宜。

②在向坍落度筒内装最后一层混凝土拌和物时,应略高于筒口,并在振捣的过程中,随时向筒内补偿拌和物,完成振捣密实后,将筒口处多余的拌和物清除干净。随后将坍落度筒以垂直的方式提起,放置在试样旁边,使拌和物呈自然坍落。此时,可以对试样定点至坍落度筒顶的垂直高度进行测量,该结果即为混凝土的实际坍落值。

③当混凝土拌和物的坍落度测量结果超过 220mm 时,可用直尺对拌和物扩展终止后的最大与最小直径进行测量,看二者的差值是否在 50mm 以内。若未超出,则可取平均值作为混凝土坍落度的扩展值,若超出 50mm,则应进行重新试验。在对混凝土坍落度值进行测试的过程中,可以通过目测的方法,对混凝土拌和物的和易性进行观察,做好相应的记录。

2. 试验结果分析

在公路工程施工过程中,以随机的方式,选取 10 组具有代表性的混凝土试样进行坍落度检测。具体结果如下:10 组试样中,第 4 组的坍落度最低,为195mm,第 10 组的坍落度最高,为 220mm,其余 8 组的坍落度从 215～200 不等,坍落度平均值为 207。黏聚性与保水性均良好。

（二）泌水率试验检测

泌水是混凝土比较常见的一种现象，即水与集料分离，导致这一问题的主要原因是水胶比过大。

1. 检测方法

在对混凝土的泌水率进行试验检测时，分为常压泌水率和压力泌水率，两种情况的检测方法有所区别。具体如下。

（1）常压泌水率检测的操作要点

用干净的湿布，对带有盖子的容器进行润湿，然后将混凝土拌和物一次性装入容器中，振动 20s 左右后，将表面抹平，盖上盖子，避免水分蒸发；从拌和物加水拌和开始，每间隔 10min 吸水一次，吸取 6 次后，可将间隔时间调整为 30min 一次，吸至混凝土拌和物表面无水泌出为止。除吸水之外的其余时间都应将容器的盖子盖紧，借此来防止水分蒸发影响检测结果的准确性。可在吸水前将容器的一侧垫起，这样有助于水的顺利吸出。利用总的吸水量，对混凝土的泌水率进行计算。

（2）压力泌水率检测的操作要点

选择专用的泌水仪对混凝土拌和物的泌水率进行检测，整个检测过程需要保持 3.0MPa 的恒压，对加压 10s 和 140s 后的拌和物泌水量进行测定，根据测定结果，对压力泌水率进行计算。

2. 试验结果分析

为便于比较，选取工程中使用的两种不同强度的混凝土，分别为 C30 和 C60，对常压泌水率和压力泌水率进行分析。经检测，C30 的常压泌水率和压力泌水率分别为 1.8% 和 56%，C60 的常压泌水率和压力泌水率分别为 0.9% 和 53.2%。通过检测结果可知，强度等级为 C60 的混凝土因在拌制的过程中，掺入外加剂，从而使拌和物的可泵性得到进一步提升，因此不易发生泌水的情况，泵送效果也好于 C30 混凝土。

（三）凝结时间试验检测

对于混凝土拌和物而言，其凝结时间可以细分为初凝和终凝两种情况，前者主要与水泥的凝结时间有关，会受到外加剂、掺和料等因素的影响，一旦混凝土初凝，则无法继续进行浇筑；后者则是水泥胶凝后形成，此时的混凝土已经初步硬化，并达到一定强度。

1. 检测方法

①准备 4.75mm 的筛子，从现场取具有代表性的混凝土试样，过筛后进行拌和达到均匀的程度。每一批混凝土拌和物取一个代表性的试样，共取 3 个，装入不同的试样筒内，确保拌和物在筒口以下 10mm 左右的位置处。依据混凝土拌和物的坍落度，对振捣方式进行选择。以振捣台对混凝土拌和物进行振捣密实时，应避免过振；以人工的方式进行振捣密实时，动作不要过猛，当拌和物表面达到平整后，便可停止振捣。需要注意的是，试验过程中要将盖子盖好，避免水分蒸发，影响试验结果的准确性。

②在贯入试验开始前，应将混凝土拌和物表面泌出的水吸净，从拌和物加水后 3h 进行首次试验，之后可每间隔 30min 试验一次。在进行试验的过程中，应确保各个测点之间的距离与规范要求相符。在贯入阻力值达到 28MPa 前，各个试样贯入试验的记录应不少于 6 次。

③试验完毕后，应绘制出贯入阻力与时间的关系曲线，从曲线中找出混凝土拌和物的初凝时间和终凝时间。取 3 个试样测试结果平均值作为试验结果。

2. 试验结果分析

选取两种不同强度等级的混凝土拌和物，一种是 C30，另一种是 C60，前者的初凝和终凝时间分别为 9h 和 12.5h，后者为 10h 和 13h。由该试验结果可知，强度等级为 C60 的高性能混凝土的凝结时间要比普通 C30 混凝土的凝结时间有所延长。

（四）抗压强度试验检测

1. 检测方法

采用标准养护条件下混凝土试件，在规范标准规定的时间内，对试件进行抗压强度测试。具体的操作要点如下。

①测试开始前，应先将试件表面擦拭干净，然后放置到压力机承压板上，在放置时需要注意，承压面不得为浇筑面，放好后将试件调平、对中。

②开启压力机，将上压板调整至与试件表面接触的位置停止，然后对压力机球座进行调节，使之与试件全面接触。按照预先设定好的速率，连续施加荷载，直至试件破坏为止。对破坏时的荷载值进行如实记录，据此对抗压强度进行计算。

2. 试验结果分析

在抗压强度试验中，共取具有代表性的试件 36 组，均为 28d 标准养护的试件，抗压强度最低一组试件为 34.8MPa，最高的一组为 40.1MPa，平均抗压强度为 37.4MPa，标准差为 1.471。相关研究结果表明，标准差的值越大，生产水平越低。此次试验中的标准差为 1.471，小于规范给出的 4.0MPa，表明混凝土的质量较高。

五、公路工程质量控制的对策

（一）试验检测制度的完善和优化

公路试验检测工作在展开中，无法保证试验检测数据的准确性、检测效率、质量偏低的主要原因是由于缺少完善的试验检测制度，导致公路试验检测工作很难实现长效、稳定的实施。基于此，为了从根本上保证试验检测工作效率、质量的提升，要对现有公路试验检测制度进行不断完善和优化，同时对检测部门进行合理设置。要其充分发挥检测指导施工的作用，严格执行各项制度，保证工作人员高效优质完成试验检测工作。由此可以看出，对现有制度的完善和优化，制定合理可行的检测流程，有利于保证试验检测效率、质量的提升。

（二）加强试验检测力度

为了避免过去公路试验检测工作的欠规范弊端等，要加强试验检测程序过程管理，严格按照目前现有的规范化标准和要求，促使我国公路试验检测质量能够得到有效提升。加强检测力度，严格检测流程，充分发挥试验检测的作用，确保试验检测数据真实反映施工实体质量，有利于保证我国公路试验检测工作的高质量实施。

（三）提高检查人员专业技能水平

公路试验检测工作对专业性要求普遍比较强，所以对工作人员自身的专业技能水平提出的要求越来越高。对专业人才努力提升业务能力，所有参与到试验检测中的人员要有对应资格证书。同时，定期对专业人员进行培训并进行过程考核，以此来保证专业人员自身综合素质、专业技能水平满足当前检测工作开展得需要。保证检查人员专业能力的提升，才是保证公路试验检测工作有序开展的基础。专业知识的人才在工作中充分发挥其职能作用，这样才能够及时发现和消除工作中存在的问题，并提出有针对性的解决措施，为试验检测工作质量提供保证。

六、公路工程质量评定方法

（一）公路工程质量评价标准

对公路工程施工质量进行评定时，要严格按照《公路工程质量检验评定标准 第一册 土建工程》（JTG F80/1—2017）等国家标准规定进行，以保证评定结果真实可靠、科学合理。在评定时，将公路分部工程按一定的分类标准进行划分，然后逐层逐次进行审核评定。各项评定工作主要由监理单位与建设单位负责完成。为使最终的评定结果真实可靠，在评定过程中要严格按照各项规定与要求对评定过程进行规范掌控，对评定内容进行划分，对评定目标进行明确，对评定流程以及标准等进行把握，在此基础上科学开展评定工作，确保评定结果具有权威性、专业性、全面性以及可靠性。

另外，对公路工程施工质量进行检测评定时，要做好各项组织分工工作，由工程驻地监理负责及时评定公路分项工程，对工程过程中存在的各项质量问题与安全隐患及时联系施工单位进行整改完善，避免问题影响进一步扩大。

（二）公路工程质量评分方法

（1）工程质量检验评分以分项工程为单元，采用百分制进行。在分项工程评分的基础上，逐级计算各相应分部工程、单位工程、合同段和建设项目评分值。

（2）工程质量评定等级分为合格与不合格，应按分项、分部、单位工程、合同段和建设项目逐级评定。

（3）施工单位应对各分项工程按《公路工程质量检验评定标准 第一册 土建工程》所列基本要求、实测项目和外观鉴定进行自检，按附录中"工程质量检验评定用表"及相关施工技术规范提交真实、完整的自检资料，对工程质量进行自我评定。

（4）工程监理单位应按规定要求对工程质量进行独立抽检，对施工单位检评资料进行签认，对工程质量进行评定。

（5）建设单位根据对工程质量的检查及平时掌握的情况，对工程监理单位所做的工程质量评分及等级进行审定。

第二节 路基工程质量检验评定

一、路基工程施工存在的问题

（一）环境问题

不同地区的地质条件区别较大，部分地区地质较硬，难以通过合适的方法对其进行处理，为工程的顺利开展带来不便。不仅如此，很多地区地下水位较高，水压大，对地基的冲击力较强，如果没有采取合适的方式进行应对，很容易对整体工程造成严重影响。而且在城市、山区等不同地区的公路工程，在建设中的侧重点也有所不同，在城市道路路基施工中，要尽量避免对周围居民的日常生活造成影响，减少对环境的破坏；而在山区的路基工程建设中，要尽量避开泥石流、地震等自然灾害频发的地区，这部分工程对路基质量有着更高要求，需要引起施工人员的充分重视。

（二）技术问题

1. 对不良地基的处理能力较差

公路工程往往具有很大的跨度，尤其是偏远地区的工程，在建设过程中不可避免地会受到不良地基的影响，如软土地基、淤泥地质等，如何正确应对该类型的地基，是施工人员需要思考和解决的问题。

就目前情况来看，部分施工人员处理突发事件的能力还有待提升，只能应对某几种固定的情况，如果经验不够丰富，在处理不良地基时的效率就会很低，难免造成工程停滞，延长工期。或者是施工水平达不到标准，影响工程整体质量。

2. 路线选择不当

公路工程可以分为国道、省道、县道、乡道以及专用道路，不同类型的道路对施工技术的选择、路基要求等都存在着差异，在线路选择方面也要保证科学合理。在城镇化建设进程如此迅速的今天，道路路线的选择在城市规划中起着越来越重要的作用。例如，在遇到文物、名胜古迹或是居民区时，如何进行合理的线路选择，对施工团队是较大的考验。

3.道路维护成本、难度高

路基建设周期长，其维护成本、难度也比较高，目前很多公路工程的维护只包括路面的裂缝处理、积水处理，很少涉及路基修复。路面的裂缝修复往往是治标不治本，很难解决深层次路基中存在的问题，如果问题长期得不到解决，就会对人们的安全出行带来巨大威胁。

（三）管理问题

1.材料管理不当

想要有效提升路基工程建设质量，就要充分意识到材料质量管控的重要性，但部分人员专业素质不强，在材料采购环节，抵挡不住利益诱惑，选用廉价材料，为工程带来隐患。材料必须具备出厂合格证明，在运输前往施工现场之前，做好抽样检查，保证其质量符合要求。

2.人员问题

路基工程施工难度大，工艺复杂，对施工人员要求较高，要根据工程规模、工程量的大小、工程难易程度来合理安排人力资源，要合理安排工种，确保其在合适的岗位上实现个人价值，加强施工现场管理，避免管理混乱。

二、路基工程技术控制要点

（一）强化全过程细节控制

加强道路路基施工管控是为了保证路基的稳定性，为路面行车通行提供保障，施工人员需要合理处理原始地面以及坡面。在施工前，保证整个工作流程的连贯性，对构件的大小进行统一规划及细化设计，同时做好安全防控工作，工作内容包括水泥稳定土的搅拌和调配、混凝土的强度以及配比等。在实际的防控工作中，工作人员充分了解施工场地的气候、温度、湿度，保证水泥稳定土配合比，并对水泥稳定土的表面进行修整。做好水泥稳定土的养护工作，根据天气情况、季节变化及时做好加热、保温等工作，预防水泥稳定土开裂、离析现象的发生。

（二）加大材料与施工现场管理

在施工过程中，需加强材料和施工现场的管理力度，在确保施工材料质量的同时，还要做好施工材料的选配工作。施工人员可以通过完善制度以提高管理工作的质量，建立合理的奖罚制度，明确规范材料的择优选用和施工技术的管理工作。施工质量需得到保证，应包含水泥不应有杂质、内部没有结块、无潮湿问题和水分问题等，其可以有效提升水泥的质量，为混凝土技术提供帮助和支持。除此之外，管理人员还需要加强水泥的储存问题，减少材料损耗，防止水泥中混入影响水泥稳定的物质。

（三）严控路基含水率

在施工过程中，施工质量与土体内含水率有直接关联，含水率是影响路基路面施工质量关键性因素之一。若土体内含水率低于实验的最优含水率，碾压路基就会比较困难；若土体内含水率较高，道路工程的安全性与稳定性则会降低。所以，在施工前，需对路基含水率进行有针对性的检测，对含水率进行适当的控制，保障施工质量。

（四）做好施工前的准备工作

路基施工质量直接影响着整体工程质量，在施工之前需要严格按照施工流程进行，做好准备工作，为后续工程的顺利开展奠定良好基础。设计人员、施工人员、项目负责人要前往施工现场开展勘察工作，了解地质、自然环境等方面的情况，从而制订合理的施工计划，抓准工程的重难点，降低松软土质对路基的损害。由于我国国土面积辽阔，不同地区在地质环境上存在较大区别，在施工中不可避免会遇到软土地基这一类强度不符合要求的地质条件，或是某地区降水十分严重，雨水渗透到地下，严重影响地基的稳定性。这就需要施工人员提前做好准备，根据现场实际情况合理选择软土地基的应对方法，如换填法、强夯法等，同时，严格把控填土厚度，做好压实工作，对施工材料质量进行抽样检查，明确混凝土、沥青混合料的配合比例，为公路路基工程的高质量开展提供稳定保障。

除此之外，还要做好道路规划工作明确道路所需要的路基类型。如果是城市公路，则需要考虑施工中的堵车、人们日常出行等问题，处理好细节方面的工作，尽可能避免后期的大规模维护和保养；而如果公路建设在山区、县级道路，来往车辆往往为负载较大的重型运输车，要保证路基的承载能力、负荷能力符合公路设计、建设要求。在线路规划时，尽量避免山体、河流等环境，以防山体滑坡或洪涝灾害对公路工程带来负面影响。种种考虑都要在工程建设之前进行，从而为工程的顺利开展提供必要保障。

（五）确定工程起始日期

公路工程是连接不同地区的重要纽带，也是地区经济发展的重要基础设施建设，在建设过程中要根据工程量、施工难度、人员配置、材料供应等各方面，预留一定弹性空间，做好进度管理工作，确保工程能够在规定的工期内完成。

例如，城市道路和山间道路工程的环境就截然不同，在季节选择方面，尽量避开梅雨季节，减少强降水对工程带来的负面影响，这也是提升路基质量管控的关键。通常来说，工程最好在 3～5 月开展，这段时期气温温和，不会出现强降水；工程结束日期要避开高温和洪涝灾害，在高温作用下，不管是混凝土还是沥青材料，其质量都会发生变化，增加工程难度。

（六）加强施工要点管理

1. 保证路基平整度

路基、路面的平整度是衡量公路工程质量的重要标准，如果其平整度不符合要求，则很难保证正常的行车安全，会带来严重的安全隐患，而且在环境较为严峻的地区，还很有可能出现路基滑坡，造成不必要的伤亡。因此，施工人员、设计人员要对此充分重视，在工程开展之前，对地质情况进行全面考察，根据实际情况制订合理的施工计划，选出最符合的路基平整处理方案。当前，我国科学技术发展十分迅速，越来越多的先进技术都被广泛应用到公路路基工程项目施工中，超声波就是其中之一，可以通过声波的反射检验路基是否平整，也可以探测到不同地区下的地质运动情况。在全面掌握了各方面的数据后，施工人员就可以对这些信息进行分析，对地基进行表面、深层次的处理，或是利用不透水结构、沥青乳液等来起到路基的保护效果。在实际工程开展之前，施工人员要清理施工现场存在的各种杂物，包括树叶、石头、建筑垃圾等，如果某段路基较高或较低，可以适当进行刮平或修补处理，也可利用激光找平，或是其他先进设备，来提升路基的平整度，为工程质量打下坚实的基础。

2. 保证路基的稳定性

在不同地质环境下开展公路路基工程项目施工时，不可避免地会遇到各种不良地基，施工单位要及时向上级部门进行汇报，要求适当延长施工期限，或是要求补充额外的资源，包括人力资源、施工材料等，以更好地应对复杂地质带来的困扰。软土地基不可避免，尤其是含水量较高的柔软土层，或是淤泥土质，可利用换填法、强夯法等，简而言之，就是用强度更高的材料结构来替代柔软土层；或是在土质中填充混凝土以及其他材料，对柔软土层中的水、淤泥进行固化处理。不管采用哪种方式，最终目的都是为了提升地基的稳定性和强度，以满足工程的质量要求。

（七）关注质量控制要点

1. 材料配比

施工材料是工程质量的决定性影响因素，在路基工程施工中，做好材料质量管控，能够为工程质量打下坚实的基础。从以往的工程来看，外掺料使用量的多少，并不会对压实质量、含水量等造成较大影响，主要是因为外掺料和土壤制作的混合料密度存在一定差异，在压实处理后，土层中的水分会被排干，地基密度大大提升，这也进一步提升了土质的稳定性。想要有效提升工程质量，就要对各种混合料的质量加强控制，严格按照要求对其进行配比，为后续工程的顺利开展提供保障。

2. 施工标准

在公路工程施工正式开展之前，要加强路基土方工程的质量控制，出台严格的质量标准、施工标准管控体系。通常，要密切关注所使用的石灰稳定土材料的使用方法，详细记录击打试验的结果，保证氧化钙、氧化镁等物质的标准试验结果满足要求。路基的质量往往会通过压实度反映出来，为了保险起见，可以利用 EDTA 滴定曲线、击实标准等，要加强施工质量控制。

（八）路基压实质量控制

1. 选择合适的压实设备

从使用功能以及作用原理的角度来看，可以将路基压实设备分为碾压式、震动式和夯击式这几种，要根据工程现场的实际环境进行合理选择，确保不同类型的设备能够充分发挥其作用，为提升路基平整度、稳定性而服务。碾压式压实设备的主要原理在于，通过对地基增加一定负荷，挤压出地基中多余的水分含量，通过提升地基的密度让其具有更高的稳定性，值得注意的是，在应用过程中，要严格控制碾压速度和碾压次数，确保压实工作能够贯彻落实。振动式压路机的主要原理在于，在振动轮的高速作用下，不断对地基形成冲击，可以有效改变土壤中颗粒物的排列形式，从而起到压实的效果。夯击式压路机和软土地基中的强夯法有类似之处，主要是利用夯锤在自由落体中产生的重力，对路基进行不断的夯击，不同高度、不同重量的夯锤所产生的冲击力不同，要根据地基的实际情况来决定夯击次数和夯锤重量，排出土壤中的空气、水分等，提升地基的稳定性。

2. 加强压实阶段的控制

首先，控制路堑开挖作业的控制。可以根据工程的实际情况来选择单层横向还是多层横向开挖法。前者对作业标高的要求较高，适用于开挖深度在 4m 以下的基坑。后者适用于 4m 以上的深坑，要在路堑的一端或两端同时进行。

其次，要处理好临土层和风化岩层的问题。在路基工程施工中，会遇到各种不同的地质环境，在面对风化土层时，可以利用专业设备进行拢堆处理，标注工程开展的起始点，遵循由浅入深的原则，严格按照施工顺序的要求，在机械设备无法触及的地区，可以进行爆破作业，松动坚固的岩层，为后续施工的顺利开展创造良好条件。

最后，还要做好边坡的修整作业。在以上各道工序完成后，可以通过人工或设备的方式，对边坡中的坍塌部位进行修整，如果公路工程处于较为危险的地区，需要设置隔离防护网，避免石头掉落，对施工人员生命安全带来威胁。

（九）运用冲孔灌注桩地基处理技术

地下岩层结构十分复杂，需要根据具体环境选择合适的处理方法，在施工过程中，要尽可能避免岩层出现过大的起伏，清理干净现场的杂物，营造良好的施工环境，为工程正式投入使用打下坚实基础。施工人员可以利用冲孔灌注桩地基法，对复杂的岩层结构进行合理处理，该方法的主要操作流程如下：首先，要利用钻孔机在岩层中打出一定数量的孔洞，将钢筋笼放入其中，随后利用混凝土进行灌注。由于混凝土本身就具有较强的稳定性，在和天然岩层进行混合后，能够大大提升地基的承载能力，而且可以有效减少地下岩层不平整的问题。但是，该方法对施工人员的专业能力有着更高要求，在实际操作中需要克服种种困难，要严格按照相应的流程开展工作，因此，在冲孔灌注桩地基处理法应用时，一定要全程进行监督和管理，确保各项工序按照规章制度进行。

（十）加强对排水的控制

由于公路工程常年暴露在室外环境中，很容易受到自然气候的影响，在其路面产生积水，如果积水无法及时排出，就会通过裂缝渗透到路基的深层结构中，对其稳定性造成破坏，也无法营造安全的行车环境。因此，在公路路基工程施工过程中，需要采取合理的措施，全面提升路基表面的排水能力，避免因为积水引起的裂缝、沉降、路面塌陷等问题。在施工时，要做好排水系统设计，安装排水设施，做好横坡、纵坡的积水收集、积水排放工作，全面提升积水排放效率。在工程完成后，还要对容易出现塌陷、积水的部位进行重点处理，全面提升其排水性能，提升公路工程使用寿命。

三、路基施工过程中的质量控制

（一）原材料取样阶段

在原材料取样阶段对水泥情况做出细致分析，用随机抽取的方式，对一定量的水泥进行混合分析，在试验研究中，将混合水泥当作样品。在砂石采样分析阶段，抽取料堆不同的部位的样品、混合质量均衡的样品，严格按照要求和标准分析试验情况。如果条件不允许而导致试验的器具不能及时更新，可适当增加样品的取用量，进行多次不同的试验以获取更精准的数据。

（二）原材料试验阶段

在水泥材料试验阶段，建设项目的核心部分是将水泥原材料的质量作为重点分析对象。水泥在规范标准范围内，应符合道路建设的相关要求，所有用于施工过程中的水泥需进行合格性检验，工作人员要重点落实取样以及送检工作，如水泥强度由于受某种原因出现强度下降，则应做好记号。同时，如检验结果未达到合格要求，可及时淘汰原材料，以此保证道路路基的整体施工建设不受影响。

此外，在砂石试验阶段，要重点考虑细度模数，若进料量较多，则需重新考虑混凝土的配合比；若砂石进料量较少，应该根据计算结果适当添加粗砂，搅拌均匀之后再次进行筛选。

（三）质量控制的作用

合理的检测和分析能够帮助工作人员熟练掌握控制原材料质量的技术要点，使道路项目建设达到预期效果。同时，应将重点放在检测流程上，掌握检测过程的所有细节，确保所获取的工程材料指标更加详细，在数据分析后再进行择优选配，最终满足道路建设的需求。

（四）系数检测、密实度检测和灌砂法在路基质量控制中的运用

道路路基建设投入使用后，在路面负荷和自然环境的双重影响下，路基会随着时间的推移发生形变和破损。通常情况下，为了提高路基的承载能力和刚度，可以利用地基系数进行判断，专业的测试装备能够保证测量的精准性。在具体实施过程中，将设备的支架保持水平状态，利用体积较大的车辆提升支撑力，再根据实际情况逐渐增加载量。为了保证负载荷能够维持在一个稳定的数值，应加入千斤顶作为补充，降低由于地基沉降而出现的卸载值。

通常情况下，在深度和检测难度较大的路基地段可使用密实度检测法进行

检验。其主要利用电磁波的基本原理，结合不同厚度地质的反馈情况，分析路基的深度。在具体检测过程中，如果出现波率混乱的情况，可当作路基异常情况处理，并在此基础上做出合理的判断。路基灌砂法能够全面分析路基的压实情况，与传统的环刀法和核子放射法相比，灌砂法的效果更加明显。灌砂法的原理相对简单，不会轻易受外界因素影响，数值的波动情况也不会十分明显。在利用灌砂法对道路路基进行检测的过程中，要对土地的湿密度进行分析，在施工现场抽取土样，在称量工作结束之后，利用标准算法进行验证。

四、路基工程质量检验评定方法

（一）一般规定

①土方路基和石方路基实测项目技术指标的规定值或允许偏差按高速公路、一级公路和其他公路（指二级及以下公路）两档设定。

②土方路基和石方路基实测项目规定的检查频率为双车道公路每一检查段内的最低检查频率，多车道公路必须按车道数与双车道之比，相应增加检查数量。[①]

③路基压实度指标需分层检测，可只按上路床的检查数据计分；其他检查项目均在路基完成后对上路床顶面进行检查测定。

（二）土方路基

1. 基本要求

①在路基用地和取土坑范围内，认真清除地表植被、杂物、积水、淤泥和表土，处理坑塘，并对基底进行认真压实和处理，满足规范和设计要求。[②]

②不得采用设计或规范规定的不适用土料作为路基填料。路基填料强度应符合规范和设计规定。

2. 外观鉴定

①路基表面平整，边线直顺。不符合要求时，单向累计长度每50m减1～2分。

②路基边坡坡面平顺稳定，不得亏坡，曲线圆滑。不符合要求时，单向累计长度每50m减1～2分。

———————

① 落云彬，郝瑞苹.公路工程质量检验评定标准与施工规范对照手册[M].北京：人民交通出版社，2003.

② 朱霞.公路工程试验检测技术[M].北京：高等教育出版社，2004.

（三）石方路基

1. 基本要求

①开炸石方的施工方法应能保证边坡稳定，清理险石，避免过量爆破损害自然环境。

②修筑填石路堤应认真进行地表清理，逐层水平填筑石块，摆放平稳。填筑层厚度及石块尺寸应符合设计和施工规范规定，填石空隙用石渣或石屑嵌压稳定。采用振动压路机分层碾压，压至填筑层面石块稳定，振压两遍无明显标高差异。上、下路床填料和石料最大尺寸应符合规范规定。

③路基表面应整修平整。

2. 外观鉴定

①上边坡不得有松石。不符合要求时，每处减 1～2 分。[①]

②路基边线直顺，曲线圆滑。不符合要求时，单向累计长度每 50m 减 1～2 分。

第三节　路面工程质量检验评定

一、路面工程施工质量控制要点

（1）为防止出现质量问题，水稳基层应该在气温较高的夏、秋两季施工，而且要保证施工期间环境温度至少为 5℃，雨天不能施工，以防止雨水影响工程质量。施工时已经铺摊的混合料需要尽快压实。

（2）使用集中拌和的方式进行混合料拌和。混合料拌和完成后应尽快将其运至摊铺场地，最大限度地防止混合料发生离析或被污染。应使用摊铺机进行摊铺，摊铺时应控制速度，尽量保证混合料摊铺均匀。

（3）为了缩短从混合料拌和完毕到碾压结束的时间，施工路段的长度应控制在一定范围，摊铺时不能使用薄层贴补的方法进行标高的调整和找平。摊铺基层时要防止混合料出现离析。对混合料已经发生离析的基层应及时更换。

---

① 李宇峙，邵腊庚.路基路面工程检测技术 [M].北京：人民交通出版社，2003.

二、路面工程质量检验评定方法

（1）路面工程的实测项目规定值或允许偏差按高速公路、一级公路和其他公路两档设定。对于在设计和合同文件中提高了技术要求的二级公路，其工程质量检验评定按设计和合同文件的要求进行，但不应高于高速公路、一级公路的检验评定标准。[①]

（2）路面工程实测项目规定的检查频率为双车道公路每一检查段内的检查频率，多车道公路的路面各结构层检查频率均须按其车道数与双车道之比，相应增加检查数量。

（3）各类基层和底基层压实度代表值不得小于规定代表值，单点不得小于规定极值。小于规定代表值 2 个百分点的测点，应按其占总检查点数的百分率计算合格率。

第四节　水泥混凝土面层质量评定

一、水泥混凝土面层的特点

水泥混凝土路面的耐久性好、稳定性强、抗挤压性好、经济性高，尤其是其热稳定性、水稳定性要远远优于沥青路面，其抗压性能会随着使用年限得到提升，有效降低了路面老化问题，而且使用中的养护维修成本也较低，具有很好的经济性和适用性。但是，水泥混凝土路面的应用需要大量的水泥和水，因此在水泥及水不充足的区域会对其的应用普及造成一定的限制，而且水泥混凝土路面容易出现各种病害，行车舒适度较低。在水泥混凝土路面使用过程中，为了避免其因热胀冷缩出现开裂现象，会对其进行面层切缝处理，这些预留缝隙不仅会降低路面的通行质量，还会降低路面的使用寿命。

二、水泥混凝土面层质量的影响因素

水泥混凝土路面质量的影响因素主要有混凝土的强度、混合料的水灰比、养护等。

---

① 雷华. 工程安全鉴定与加固 [M]. 北京：中国建筑工业出版社，2017.

（一）混凝土强度

混凝土强度是水泥混凝土路面质量的直接性决定因素，其受混凝土的材料质量和弯拉强度等因素影响。混凝土是混合材料，其通常由石灰、水泥、砂石等组成。弯拉强度会对水泥混凝土路面收缩、凝固等产生影响，其受混凝土混合材料质量的影响，而且其弯拉周期为 28 天左右。例如，弯拉强度不够，影响水泥混凝土路面的正常回缩，极易出现平整度差、失水等现象。

（二）混凝土混合料的水灰比

水泥混凝土混合料的水灰比指的是在混凝土原料进行混合搅拌时的水、砂、水泥的控制比例，是混凝土质量保障前提性条件。如若水灰比偏小，在混合料搅拌时会出现过于黏稠的现象；如果水灰比偏大，在混合材料搅拌时会出现过于稀薄的现象，二者都会对施工效率及质量产生不利影响，直接表现为混凝土路面不平整、收缩不均匀、坍落等。

（三）浇筑后的养护工作

水泥混凝土路面在浇筑后的固化过程极易受到环境、天气等客观因素的影响，需要施工人员根据情况对其采取相应的养护措施，保障其高质量地投入交通使用中。例如，夏天日照强烈且日照时间长，混凝土路面中的水分流失较快，这就需要施工人员对其采取补水工序，避免其因失水出现裂缝、裂纹的情况。

三、水泥混凝土面层质量控制措施

（一）做好施工技术交底工作

对水泥混凝土路面进行建设过程中，先了解水泥混凝土路面构造，其施工技术管理中非常重要的内容就是要做好施工技术交底工作，该项工作是确保整个工程项目质量的重要对策，并且也对工程的施工质量进行动态把控的关键路径。对该工程施工技术进行交底作业时，需要做到以下这些方面。

1.合理编制施工技术交底

针对施工现场的情况以及工程项目特征进行更加充分的了解，基于此，根据水泥混凝土路面的建设规范性以及技术操作标准等各项内容，完成施工组织设计交底和设计变更技术交底等相关工作。确保施工技术交底的内容更加完整，并且具有可行性，为工程建设的顺利进行提供有利条件。

2. 分级交底

开展工程施工技术交底工作期间需要将该项工作规划为不同的等级，具体内容有以下几个方面：项目总工需要向全部技术工作人员和有关部门负责工作人员开展技术交底；技术部门需要向每个班组的管理者和工作人员开展技术交底；技术工作人员需要向全部操作人员开展技术交底。在整个工程项目当中，选择书面的方式开展该项工作，并且需要双方进行签字确认，使该项工作能够落实到位。

3. 加大检查力度

身为该工程项目中技术主管部门，要求对工程项目的施工技术交底工作落实状况认真核对，如果出现施工实际状况跟技术交底出现很大误差，要第一时间进行改正，并且要做好对应的跟踪检验工作时，确保工程项目能够顺利开展。

（二）加强原材料的质量把控

水泥混凝土路面的原材料主要有水泥、碎石、砂子、水等，要提升农村公路水泥混凝土路面的质量首先要加强对这些原材料的质量把控。

（1）水泥的材料是一种非常常见的胶凝材料，该材料在水泥混凝土路面建设当中，能够表现出非常好的使用价值。水泥在原材料中的占比较重，也对原材料的质量影响最大，因此在水泥的质量上要从采购环节进行根源性的把控。采购水泥时，要对厂家的相应资质、水泥生产合格证书、检测报告等进行明确要求，坚决杜绝劣质水泥产品的出现，而且尽可能地选择同一规格、批次的水泥，最大限度地保障水泥的质量水平及应用效果。此外，水泥通常只有 3 个月的保质期而且极易受水分影响而发生性状改变，因此，要确保混凝土原料混合时所用的水泥在保质期内且性能完好。

（2）合理选择粗集料。尽可能选用卵石、碎石等具备洁净耐久、坚固的特征，保证粗集料技术标准可以满足规定，结合不同最大公称粒径开展集料掺和配比操作，使这种材料能够合成等级配置的标准，并且针对不同交通荷载等级采用不一样级别的粗集料。碎石、砂石原料的表面一定要粗糙有棱角、质地坚硬而且要保障尽可能少的杂质及有害物质。值得注意的是碎石的直径要控制在 40mm 的范围内。混合材料中的用水要使用结晶的工业用水，避免出现污染水，而且在使用前要进行酸碱值的检测，pH 值在标准范围内的水才能投入使用。

（3）对其他材料进行选择期间，需要根据规定的标准来选择水以及外加剂等建设原材料，将建设原材料的质量检验工作做好，使这种料能够满足工程项目建设的标准，可以有利于工程项目施工质量把控。

（三）严格遵循施工流程

水泥混凝土路面有既定的施工流程和工艺，这是对施工开展的指导也是对其进行约束，因此施工单位要严格按照规范的施工流程及工序开展施工。农村公路水泥混凝土路面施工的主要流程为：施工放样、支模、制作并安放钢筋、抹面等。施工放样是指在施工开展前，施工人员按照施工设计方案对板块位置、转角点等进行划分定位并设置相应的控制桩，为后续的施工做好基础准备。支模需要施工人员水泥碎石层上用电锤打孔，并保证孔眼位置与设计传力杆位置的一致性，该施工环节具有一定的危险性，需要提升施工人员的安全意识及安全防护措施。

制作并安放钢筋时需要严谨明确地按照施工设计进行，而且要在混凝土浇筑完成钢筋放置并保障处于钢筋的位置平直稳定。混凝土的摊铺是混凝土路面施工的核心环节，在该环节中要科学、恰当地使用平板式振动器对混凝土进行振捣，提升混凝土的摊铺质量及路面平整度。抹面是对摊铺后混凝土路面进行按压抹平，减少路面砂眼，提升路面平整度。

（四）强化施工现场的质量监督

为确保水泥混凝土路面施工质量，必须做好施工现场的质量监督，避免施工过程中出现不规范行为，使工作人员根据要求操作。因为水泥混凝土路面施工对于专业性要求很高，须确保施工团队的技术能力，注意隐蔽工程的质量检查，从而有效地把控施工质量。

在具体的质量监督中，要做好以下工作：①全面监督水泥混凝土路面施工过程，防止违反施工工艺的行为，注意施工人员的配备和施工材料的选用，确认施工现场有没有出现暴力施工；②监管工程项目建设的实际成效，避免发生工期延误的问题，如果建筑单位出现故意延误工期的情况，需要第一时间对其进行制止，以免对工程建设的进度和质量带来不利影响；③将施工过程中的每个阶段质量检验工作做好，委派专业的工作人员，对每个部门进行质量检查，使工程项目建设的质量能够得到更好保证。

（五）做好施工后期养护工作

水泥混凝土路面施工的后期养护工作是非常重要的，施工单位要给予其足够的重视及监督。因混凝土路面凝固需要一定的时间，其施工后期的逐渐硬化过程中极易受到温度、湿度等的影响，如果后期养护不到位，会导致混凝土路面出现质量问题及使用安全隐患。施工人员在混凝土的收缩前期，要注重保持水泥混凝土里面的水分，对其进行定期性、规律性的洒水处理，在高温天气或者日照时间长的天气可以适当增加洒水频次，避免水泥混凝土路面因失水出现凝固减缓、路面开裂的现象。

四、水泥混凝土面层的改建方案

（一）改建方案的选择

在进行水泥混凝土路面改建设计的过程中，需要设计人员对旧路进行充分的调查和评定，从而保证改建方案的正确选择。在详细的调查工作中首先应对旧路路网结构、公路服务功能、服务水平、交通量进行调查，确定旧路技术标准、宽度是否满足后期经济与交通量发展的要求；其次应对旧路病害进行调查评定，包括公路修建和养护的技术资料，路基路面损坏状况、路面结构强度、路面接缝传合能力等，从而根据设计要求及旧混凝土路面综合评定结果，选用经济合理的改建方案；最后还需加强筑路材料、征地拆迁情况等的调查，经技术经济比较后确定改建方案。

因此，在进行改建方案实施的过程中，需要对旧路实际情况进行详细的调查和评定，选择正确的改建方案，不仅有助于保证项目顺利实施开展，而且还能为后续公路正常使用奠定坚实的基础，充分发挥公路的最大效益。

（二）旧路改建技术方案的研究

1. 旧水泥混凝土路面挖除新建

旧水泥混凝土路面挖除新建，这种旧路改建方案的选择较为普遍和广泛，技术也比较成熟，质量也较容易保证，大多适用于由于旧路等级的提升，致使旧路利用率低、旧路路面结构强度无法满足设计要求，需对旧路挖除新建；其次适用于旧路路基病害及水泥混凝土面层损坏严重的公路，只有通过旧路挖除新建，才能满足公路使用要求，提高公路的服务水平。但从环保角度来讲，旧混凝土路面的挖除废弃势必给生态环境造成破坏，因此在实施过程中也应加强对旧混凝土路面的充分利用，如选用打裂压稳方案、碎石化方案等用作路面的底基层或路基换填处理等，减少对环境的不利影响。

2. 旧水泥混凝土路面加宽

此方案适用于同等级公路路面改建且旧路路面损坏状况和接缝传荷能力评定等级为中等以上时，原旧路由于路基路面宽度不满足交通发展需要，致使会车困难，交通不畅等问题，通过对原旧路路肩开挖新做路面面层，提高公路通行能力。此加宽方案在宁夏海原县实施较为广泛，效益较为明显。

如海原县 S204 线至中坪农村公路（窄路加宽）改造工程，路线全长 13.915km，旧路路基宽 6.5m，路面宽 4.5m，改造方案为现有路基宽度保持不变，挖除旧路路肩两侧新做宽 0.5m 水泥混凝土面层，使其路面宽度达到 5.5m。

在原旧路基宽度加宽，不仅能提高公路服务功能及水平，同时也可避免征地拆迁，工程造价较低，施工简单，工期短，较为经济合理。但是由于在旧路两侧加宽，加宽宽度较窄（平均 0.5 ~ 1.0m），无法使用大型压路机压实，致使路基压实度不易控制，容易发生新旧路面沉降、错台等病害。

3. 旧水泥混凝土路面补强方案

在旧水泥混凝土路面上新做路面结构层，纵断面设计时在原旧路面层上平均抬高新建路面结构层厚度，用旧路结构层做新建公路的路床，使路基更加稳定，从而可避免挖除旧混凝土面板废弃对自然环境的破坏及挖除旧路基后产生路基翻浆、沉陷等病害，也可以适当减少工程造价，此方案适用于相同等级公路改建，旧路面的利用不受旧路面损坏状况的影响，但是通过旧路补强需新增占地或拆迁。

因此，在实施过程中也应做详细的方案比较，如沿线建筑物通过旧路补强是否受影响等。这一技术方案的适用性也是比较强的，并且实际的成本投入较少，可以更好地满足混凝土路面改建的要求以及需求，但是这项技术在实施的过程中需要融入新的技术，在旧路面上做好路面的结构层，对于实际的施工技术来说，要求是比较高的。

五、水泥混凝土面层质量评定方法

（一）基本要求

（1）基层质量必须符合规定要求，并应进行弯沉测定，验算的基层整体模量应满足设计要求。

（2）水泥强度、物理性能和化学成分应符合国家标准及有关规范的规定。

（3）粗细集料、水、外掺剂及接缝填缝料应符合设计和施工规范要求。

（4）施工配合比应根据现场测定水泥的实际强度进行计算，并经试验，选择采用最佳配合比。

（二）外观鉴定

（1）混凝土板的断裂块数，高速公路和一级公路不得超过评定路段混凝土板总块数的 0.2%，其他公路不得超过 0.4%。不符合要求时每超过 0.1% 减 2 分。对于断裂板应采取适当措施予以处理。

（2）混凝土板表面的脱皮、印痕、裂纹和缺边掉角等病害现象，对于高速公路和一级公路，有上述缺陷的表面积不得超过受检测面积的 0.2%，其他公路不得超过 0.3%。不符合要求时，每超过 0.19% 减 2 分。

对于连续配筋的混凝土路面和钢筋混凝土路面，因温缩产生的裂缝，可不减分。

（3）路面侧石直顺、曲面圆滑，越位 20mm 以上者，每处减 1 ~ 2 分。

第五节　沥青混凝土面层质量评定

一、沥青混凝土面层施工关键技术

（一）施工前期准备

1.作业面准备

由现场监理工程师对路面基层完工情况进行督查，确保基层具备施工条件，并对基层进行养护，养护时间需要大于 3d。路面基层喷洒透层油按照以下流程进行：完成对基面的清理，确保基层整洁无杂物，之后按照 1.0kg/m^2 的乳化沥青对基面进行喷洒。完成基面的喷油以后，在基面均匀铺设一层石屑，并运用压路机对路面进行充分碾压。在对沥青混合料摊铺的过程中，要对施工区域进行封锁，严禁车辆和行人进场。

2.路段试铺

在高速公路沥青混凝土摊铺过程中，要选择一定区域进行提前的试摊铺。在试摊铺过程中，从沥青混合料、所采取的机器设备等要与正式施工工艺保持一致。对于施工过程中发现存在的问题，要及时进行改正。其间应对沥青混合料的配比、摊铺工艺等进行检验，以便对混凝土材料配比进行提前确定。

（二）沥青混合料生产运输

1.混合料拌制

此高速公路沥青混合料拌和设备采取的是强制间歇式搅拌机。按照混合料拌制的质量标准，要求拌制后的沥青能够对矿料颗粒进行包裹。搅拌完成后的混合料要及时运输到储料仓进行储存。为了确保混合料能够充分搅拌，需要在拌制的全过程中，从加热温度到摊铺温度等各个环节进行把关，防止因为温度不恰当影响拌制效果。

2. 混合料运输

此高速公路沥青混合料运用自卸式车辆进行运输。为了确保混合料保持一定的湿度和纯度，要对运输车辆进行提前清扫。当遭遇较低温度干扰时，需要采取苫布对混合料进行覆盖，防止因温度下降影响混合料性能。为了提高混合料摊铺的连贯性，要确保运输车辆数量。

（三）摊铺

1. 摊铺准备

在沥青混合料进行摊铺施工前，要做好施工前的摊铺准备工作。首先要对各个设计高程点下的水稳碎石状态进行勘测，得出摊铺高度。另外，要给摊铺机器安装自动找平设备，以便施工中对路面基层的水平性和高程进行精准控制。为提高路面铺设的平整度，增强沥青混合料接缝处的紧密性，要选择性能稳定、技术领先的摊铺机。结合高速公路摊铺的环境特征，此项目施工运用了履带式摊铺机。此设备具备自动找平以及自动加热功能，有效提高了混凝土摊铺质量。

2. 摊铺技术要点

摊铺要采取匀速行驶，摊铺量要符合项目设计方案的需要，防止出现沥青混合料摊铺不足或者浪费问题。在摊铺机器振捣装置位置，要提前涂抹一层油水混合物，待混合物加热以后，按照项目施工规范进行沥青混合料的摊铺。对摊铺作业人员的技术提出要求，摊铺机手要熟练熨平板的操作规则，并按照对摊铺厚度的检验结果，实时对熨平板的高度进行校正。在完成摊铺施工以后，需要对铺层面的厚度和平整性进行检验，对于存在摊铺不到位的状况，要辅以人工手段进行铺平。需要确保各条摊铺带至少搭接 8cm，以提高接缝的密实性。摊铺施工中，要确保每层摊铺的厚度符合要求。按照项目设计规范，对高速公路面层摊铺时，底层摊铺厚度需要小于 10cm，对于超出的部分，要进行找平。

（四）碾压

在碾压施工过程中，碾压的效果对面层的平整性产生至关重要的影响。在碾压环节中要符合以下要求。

1. 压实程序

沥青混合料从碾压的主要环节来看，包括了初压、复压以及终压 3 个工序。以上各个工序是否碾压结实，对面层的平整性产生重要影响。

运用钢轮压路机进行初压，在混合料达到预设温度时进行初压。要确保初压密实性，防止出现混凝土混合物发生开裂的问题。在采取光轮压路机对路面进行碾压环节中，光轮压路机前进方向要和摊铺方向保持一致。在完成初压以后，要及时进行复压巩固。按照项目施工预设的线路进行反复的碾压，在这个环节需要防止漏压。

选择轮胎压路机对沥青混合料进行终压时，需要确保压路机的压强。终压施工中，需将初压环节中机轮遗漏下的轮迹清除，并通过静压的方式对存在轮迹进行清除。

2. 接茬部位碾压

对于横向接茬，在项目施工环境符合要求前提下，可采取横、纵向的方式用小型碾压机对接茬部位进行碾压。具体操作流程为：压路机的机轮在新铺设的混合料上进行全覆盖式碾压，随后通过振动碾压的方式，使接茬处的混凝土能够充分黏合和凝结。

纵向接茬相对于横向来说，难度较高。遇到热料层与冷料层相接时，可将压路机先置于热料之上让其碾压，然后逐步过渡到冷料上，以使热量传导到较冷的一侧，从而增强接缝处的密实度。

3. 注意事项

碾压作为公路面层施工的结尾环节，其碾压的效果对未来路基平整性产生了最直接影响。在进行碾压过程中，要遵循以下项目施工规范。

禁止压路机在新摊铺混合料上掉头、转向以及急刹车；碾压机要远离刚完成碾压区域；在振动模式碾压过程中，需要确保压路机处于行驶状态。沥青混凝土路面的初次压实度需大于 96%。在完成对混合料的碾压以后，要运用核子密度仪对碾压压实度进行检验，确保混合料得到了充分的碾压。

二、引起沥青混凝土面层质量的因素

（一）沥青原材料

为保证道路工程建设质量，需充分把控制作材料的高标准。衡量沥青原材料质量的基本要素有软化点、针入度以及延度，因此，采购材料时应综合来看该三要素，满足相应的技术要求。基于此，通过科学检测，以更为细致地把控质量。

另外，施工期间还需确保原料供应，消除阻碍平稳施工的因素。加热温度决定材料黏稠度即沥青混合料拌和的质量，若温度偏低，相应的黏稠系数不易达到设计指标，相反，若温度过高，会造成沥青老化，导致道路松动问题严重，影响运营周期。所以，目前 SMA 沥青混合料更受施工方的青睐，有较强的抗变形能力及耐久性较好。

（二）沥青使用量

沥青的合理用量可以保证材料结构稳定，提高黏合指数，路面应用质量与应用周期均有所优化，并控制造价成本。若使用量偏多，黏性反而偏低，流动性过大，道路表面不易平整，极易出现光面等问题。若使用量偏少，则会影响沥青搅拌的效果，不容易凝结。

所以，应当通过目标配合比设计、施工配合比调整两个步骤进行把控。应当严格按照配合比设计的参配比例进行拌料，适当添加沥青，加以试验，检验沥青混合料的各项技术指标，控制油石比，以免道路泛油，提高沥青路面的使用性能。

三、沥青混凝土面层的质量检测

（一）传统检测方式

现如今，道路项目中检测密实度，依旧以传统检测方式为主，大致分成两类，一是核子密度仪。该仪器能检测出材料的湿密度以及含水量，通过计算得到样本干密度，继而得到压实度。工作原理为，发射出仅和密实度有联系的射线，其和样本原子外围电子接触，并发生碰撞，由此散射而出。此时，射线的能量有所减弱，且移动方向也发生变化。样本密实度和散射系数成正比，进而分析出样本密实度。二是钻芯法。根据道路钻芯和切割取样操作方式，获取检测样本，要求样本直径超过 10cm。若一次钻取样本有多个层次组合，需结合实际结构把各层分隔开，而后采用毛体积密度以及最大密度方式加以分析，得出样本的空隙率，以此了解压实度。

（二）雷达检测方式

1. 现场标定

检测仪器使用前均需实施标定，以此确保测量点位正确。例如，自由空间、时间比例、DMI、介电常数等，其中 DMI 与介电常数相对较为关键，由于二者通常可以决定数据最终的准确度。接下来重点介绍该两项标定。

（1）DMI 具有一体化的特点，借此能得到时间脉冲，确定动作移动速度及移动距离，决定检测波形的精确度，并会干扰后续的信息分析处理问题。具体实施流程为：选定相对平坦笔直的路段，借助测距设备确定起始点，两点之间通常在 1km 左右，而后实地标记；安设天线，启动数据采集系统，进入操作界面后，确认目录位置；点击进入 DMI 对话框，在特定位置录入测量距离，确定单位；一切准备就绪后，点击开始键，标定该数值，而后安排车辆由起点出发，保持常规车速，实际行驶的里程直接在显示器上动态变化，程序会修正所有数据；车辆到终点的同时，停止检测，并将形成的数据完整记录；最后得到新数据；为保证最终得到的数据更符合实际，会多次试验，以平均数作为使用值。该数值不是动态不变的，因此，还应定期进行试验标定。

（2）介电常数数据可标定项目包括厚度及其他指标，其也会影响检测间接高度。介电常数无须到道路实地进行检测，整个操作流程相对复杂，此是由于室内和道路实地的客观条件不一，导致标定结果和现场有一定差值，所以会借助钻芯法协助完成此数值测标定。在正式开始前，技术人员需先掌握工程的设计与建设现场的材料配比，基于此分析在相同位置，材料配比固定，使用材料是否一致。

简言之，道路项目建设期间可能遇到石灰岩短缺的情况，再加上工期有限，可能选择其他替代品。在更换原料后通常需再次进行试验。介电常数的具体操作过程为：一方面，确定材料一致后，在检测路段的起点位置取样品，为避免最终值有过大波动，应当尽量保持检测过程的连贯性，基于检测出的起点样本数值，用终点数据与之对比，若数值差距偏大，则应再次核查数据准确度，通常每个 2km 取样一次；另一方面，材料不一致时，正常取得实地样本后，在出现材料变更的位置额外钻取样本。通常会选用定点标定，以维护波形准确，并提高取样位置的准确性。

2. 密实度检测

（1）实时定点

借助计算机程序，自动根据波形得出相应的介电常数，由于其该种特定，在参数不一致的道路检测应用较多。借助天线确定点位，产生的测量波形会直接被采集仪器获取，操作人员仅需在操作界面，观察测量中的数据变化，并确定具体使用通道及单位，确定测量线的位置，如果波在传播时间点上有所波动，会直接显示在操作界面中，录入钻取样本厚度值，相应的介电常数会直接计算得出，最终通过该数值和密实度间的运算关系得出检测路面的密实度。

（2）实时连续

道路雷达包括计算机程序与数字化仪器，整个系统具备检测范围灵活确定、高精度、采样率等应用功能，并基本满足现代道路检测的应用标准。采样速度与时长关乎检测的点位数量，若两项数值均偏大，最终得到的信息量也会随之增多，但势必需要更多的存储空间。所以不能片面地追求二者的大数值，容易起到反效果，在道路检测中，通常采用的最值频率是50kHz，此时检测到的数据也趋近于实时连续状态。

道路现场检测一般会综合使用两种方式，分别发挥其各自的优势。实时定点可用于标定部分参数，借助专门的试验车辆获取现场波形，以便后续计算分析。完成全部的波形采集后，把检测路段上安设天线，而后进行实地取样，借助上一步采集到的波形设定试验时间。

道路检测试验中，因为未能采用同一家施工方，使得各路段的建设技术、实地配比、现场管控等方面均有不同，所以，样本也容易出现差异。对此，可将标段作为测量节点，并将同一种材料的路段归为一组进行试验，但样本厚度需大致相同。同时，为维护整个检测过程的连续性，会把所有检测道路采用首尾重合的方式加以处理，以方便处理分析信息期间进行校正，保证准确率。

四、沥青混凝土面层质量评定方法

（一）基本要求

沥青混凝土和沥青碎（砾）石面层在施工过程中，必须符合下列基本要求。

（1）沥青混合料的矿料质量及矿料级配应符合设计要求和施工规范的规定。

（2）沥青材料及混合料的各项指标应符合设计和施工规范要求，沥青混合料的生产，每日应做抽提试验。

（3）严格控制各种矿料和沥青用量及各种材料和沥青混合料的加热温度。

（二）外观鉴定

外观鉴定是检查沥青面层的观感质量，采用对缺陷进行扣分的方法评分，主要有下列方面。

（1）表面应平整密实，不应有泛油、松散、裂缝、粗细料明显离析现象，对于高速公路和一级公路，有上述缺陷的面积之和不得超过受检面积的 0.03%，其他公路不得超过 0.05%。不符合要求的每超过 0.03% 或 0.05% 减 2 分。①

（2）半刚性基层的反射裂缝可不计作施工缺陷，但应及时进行灌缝处理。

（3）搭接处应紧密、平顺，烫缝不应枯焦。不符合要求时，累计每 10m 长减 1 分。

① 孙德栋，彭波. 沥青路面设计与施工技术 [M]. 郑州：黄河水利出版社，2003.

参 考 文 献

[1] 刘涛．落云彬，郝瑞苹，等．公路工程质量检验评定标准与施工规范对照手册 [M]．北京：人民交通出版社，2004.

[2] 孙德栋，彭波．沥青路面设计与施工技术 [M]．郑州：黄河水利出版社，2003.

[3] 朱霞．公路工程试验检测技术 [M]．北京：高等教育出版社，2004.

[4] 田文玉．建筑材料质量控制与检测 [M]．重庆：重庆大学出版社，2006.

[5] 乔志琴．公路工程试验检测 [M]．北京：人民交通出版社，2007.

[6] 张宇峰，朱晓文．桥梁工程试验检测技术手册 [M]．北京：人民交通出版社，2009.

[7] 刘创明，李素梅，郭长学．路基工程施工技术 [M]．成都：西南交通大学出版社，2012.

[8] 卜建清，严战友．道路桥梁工程施工 [M]．重庆：重庆大学出版社，2012.

[9] 吴书君．道路与桥梁工程试验检测技术 [M]．徐州：中国矿业大学出版社，2012.

[10] 赵永臣，李亚军．道路交通工程与控制 [M]．兰州：甘肃人民美术出版社，2012.

[11] 张雁，于晓坤．道路工程检测技术 [M]．北京：中国林业出版社，2013.

[12] 关长禄，吕得保，陶志政．沥青路面用改性矿料技术 [M]．北京：人民交通出版社，2013.

[13] 王天成，张志伟．道路工程施工技术 [M]．北京：中国铁道出版社，2015.

[14] 李世华．道路桥梁维修技术手册 [M]．北京：中国建筑工业出版社，2015.

[15] 彭盛涛，张凤春，孙小菊．道路桥梁工程理论及施工方法研究 [M]．北京：水利水电出版社，2015.

[16] 姚恩建，邵春福．城市道路工程 [M]．北京：北京交通大学出版社，2015.

[17] 张勇刚．道路交通控制技术及应用 [M]．北京：中国人民公安大学出版社，2016.

[18] 韩伟，李洋 . 道路工程与交通管理设施 [M]. 北京：中国人民公安大学出版社，2016.

[19] 李宇峙 . 路基路面工程 [M]. 重庆：重庆大学出版社，2017.

[20] 李梦希 . 城市道路建设问题研究 [M]. 北京：九州出版社，2010.

[21] 雷华 . 工程安全鉴定与加固 [M]. 北京：中国建筑工业出版社，2017.

[22] 王春堂，郗忠梅，张晓 . 城市道路工程检修与维护 [M]. 北京：化学工业出版社，2017.

[23] 郭建富 . 重载水泥混凝土路面设计及滑模施工技术 [M]. 北京：九州出版社，2017.

[24] 张俊 . 道路工程施工技术 [M]. 武汉：华中科技大学出版社，2018.

[25] 李兵 . 市政道路工程施工技术与实务 [M]. 北京：光明日报出版社，2018.

[26] 于玲，闫晓慧 . 斜向连续配筋预应力水泥混凝土路面的应用技术研究 [M]. 郑州：黄河水利出版社，2018.

[27] 颜景波 . 道路施工技术研究 [M]. 天津：天津科学技术出版社，2018.

[28] 肖艳阳 . 城市道路与交通规划 [M]. 武汉：武汉大学出版社，2019.

[29] 范炳娟 . 道路工程施工 [M]. 北京：北京理工大学出版社，2019.

[30] 王显根，庞京春 . 城市道路工程施工质量与安全管理 [M]. 徐州：中国矿业大学出版社，2019.

[31] 王立军 . 道路工程检测 [M]. 西安：西北工业大学出版社，2020.

[32] 鄂淑英 . 浅谈道路工程试验检测存在的问题及控制措施 [J]. 绿色环保建材，2020（09）：96-97.

[33] 翁向阳 . 市政道路工程材料检测技术的探讨 [J]. 四川建材，2020，46（08）：20-21.

[34] 王泽林 . 道路与桥梁工程试验检测技术分析 [J]. 智能城市，2020，6（12）：228-229.

[35] 陈任卿 . 关于无损检测技术在道路工程中的运用分析 [J]. 现代物业（中旬刊），2020（04）：60-61.

[36] 连小凯，王宇飞 . 浅谈道路工程安全性检测的要点及应用 [J]. 居舍，2020（10）：50.

[37] 盖飞 . 道路工程质量控制及检测要点分析 [J]. 中国住宅设施，2020（01）：70-71.

[38] 卢敬宏 . 市政道路工程中影响压实度检测方法研究 [J]. 建材与装饰，

2019（36）：52-53.

[39] 章阳，罗增杰 . 道路工程沥青混合料检测技术探究 [J]. 工程技术研究，2019，4（24）：127-128.

[40] 蔡顺强 . 道路自动化检测技术的应用 [J]. 住宅与房地产，2020（03）：226.

[41] 刘开发 . 试验检测技术在道路桥梁检测中的应用探析 [J]. 中小企业管理与科技（中旬刊），2021（02）：192-193.

[42] 邓晓安 . 桥梁工程质量控制中无损检测技术的运用研究 [J]. 企业科技与发展，2021（03）：93-94+97.